Allmansdorf, 7.1. 2016

Ifid Riche

INGRID RIEDEL
LEBENSPHASEN – LEBENSCHANCEN

fischer & gann

INGRID
RIEDEL

LEBENSPHASEN
LEBENSCHANCEN

IM GESPRÄCH MIT MATHILDE FISCHER

VOM GELASSENEN UMGANG
MIT DEM ÄLTERWERDEN

fischer & gann

Redaktion: Monica Fauss

Bibliografische Information der Deutschen Nationalbibliothek:
Die Deutsche Nationalbibliothek verzeichnet diese Publikation
in der Deutschen Nationalbibliografie; detaillierte bibliografische Daten
sind im Internet über http://dnb.d-nb.de abrufbar.

© Verlag Fischer & Gann, Munderfing 2015
Umschlaggestaltung | Layout: Gesine Beran, Turin | Hamburg
Umschlagmotiv: © Jim Vecchi/Corbis
Gesamtherstellung | Druck: Aumayer Druck und Verlags Gesellschaft m.b.H. & CoKG
Printed in The European Union

ISBN 978-3-903072-02-2
ISBN E-Book: 978-3-903072-13-8
www.fischerundgann.com

INHALT

III.

ENTWICKLUNGSCHANCEN UND -AUFGABEN DES MENSCHEN .. 110

VORWORT

LEBENSPHASEN, DAS SIND BEMERKENSWERTE PHASEN des individuellen Lebenslaufs. So nennt man aber auch die Phasen, die Menschen überhaupt in bestimmten Altersstufen erleben – so zum Beispiel während der Adoleszenz, während des frühen, des mittleren oder des späteren Erwachsenenalters – wie sie die Lebensspannenforschung voneinander unterscheidet. Um beides geht es in diesem Buch. Eine jede dieser Phasen hat ihre charakteristischen neuen Entwicklungsmöglichkeiten, während anderes wieder zurücktritt. Eine jede – bis zur Altersphase hin – kennt Gewinn und Verlust, und wir versuchen jeweils, beides auszubalancieren.

Nach den eigenen Lebensphasen befragt, wie es in dem Interview durch Mathilde Fischer geschieht, das dem vorliegenden Buch zugrunde liegt, fallen mir spontan die Phasen ein, die mir heute am lebendigsten vor Augen stehen, die am intensivsten nachleuchten: Zeiten beruflicher Erfüllung im jungen und im mittleren Erwachsenenalter, in Kassel, in Zürich und in Konstanz, wo ich heute lebe.

Zugleich erinnere ich mich an die Hintergründe meiner ersten Berufswahl, während meiner letzten Schuljahre vor dem Abitur, in der Altersphase der Adoleszenz – und damit beginne ich zu erzählen. Warum zuerst ein Studium der evangelischen Theologie? Und dann, in der Mitte des Lebens, eine grundsätzlich neue Ausbildung in Tiefenpsychologie, für den Beruf der Psychotherapeutin? Wie kam das alles?

Wie hängt mein persönliches Leben nicht nur mit meiner jeweiligen Altersphase, sondern auch mit zeitgeschichtlichen Gegebenheiten zusammen, die von Kriegs- und früher Nachkriegszeit über die stürmischen 68er-Jahre des Wertewandels reichten, von der hohen Zeit des Feminismus bis zur Wiederentdeckung von Selbsterfahrung, Tiefenpsychologie sowie Spiritualität in den 1980er-Jahren. Heute stellt die Umwelt- und Mitweltfrage eine besondere Herausforderung dar, die mich und meine persönlichen Themen stark berührt.

Natürlich kommen dabei immer wieder die Lebensphasen zur Sprache, wie sie überhaupt und wie sie bei mir verlaufen sind. Auch die Einstellung zur Endlichkeit des Lebens, zum Alter, zum Verlust naher Menschen und zum Sterben wird berührt.

Ein Interview verläuft spontan, überraschend, manchmal verblüffend: Ich antworte, was mir in dem Moment nahe ist und was eben jetzt für mich gilt. Es sind keine letzten Worte, sondern erste, aus dem Augenblick heraus geborene.

Mathilde Fischer erfragt vor allem die Phasen meines beruflichen Lebens, die mir wichtig sind. Auch meine Auffassungen von bestimmten fachlichen Themen und meine therapeutischen Zugangsweisen kommen zur Sprache.

Der Radius meines persönlichen Lebens und meiner Lebensphasen reicht natürlich um einiges weiter, ist umfassender als das, was in diesem Buch angesprochen werden kann.

Doch das, was das Gespräch über mehrere Tage hin enthielt und ergab, findet sich in diesem Buch.

Für die Idee zu diesem Interview und einem daraus entstehenden Buch, für ihr Interesse und ihre Aufgeschlossenheit meinen Themen und Lebensphasen gegenüber danke ich Mathilde Fischer, mit der ich schon manches frühere Buchprojekt realisieren konnte.

Konstanz im Juli 2015
Ingrid Riedel

I.

LEBENSLINIEN UND LEBENSTHEMEN

VON MEINER KINDHEIT UND ADOLESZENZ

MATHILDE FISCHER: Zu den „Lebensphasen", den verschiedenen Entwicklungslinien und Themen im Leben eines Menschen haben Sie vielfach geforscht und geschrieben. Welche Bedeutung hatten und haben diese Phasen in Ihrem eigenen Leben?

INGRID RIEDEL: Ich erlebte und erlebe sie als etwas sehr Wichtiges und erinnere mich deutlich an die bisherigen Hauptphasen in meinem Leben, einerseits die alters-, andererseits die entwicklungsgemäßen.

Die Zeit nach der Pubertät bis ins junge Erwachsenenalter hinein haben mein Leben und auch meine Berufswahl besonders stark geprägt. Wobei, wenn ich es genau bedenke, auch meine frühe und spätere Kindheit entscheidend dabei mitwirkte. Ich möchte trotzdem jetzt mit der Phase der Adoleszenz beginnen und erzählen, was ich damals erlebte, was für mein späteres Leben bestimmend wurde.

Zeitgeschichtlich gesehen fiel meine späte Kindheit auf die letzten Kriegsjahre bis in die ersten Nachkriegsjahre hinein, die Adoleszenz dann auf die 1950er-Jahre, mein Abitur fand im Jahr 1953 statt. Ich wurde während des Krieges eingeschult. Als er endete, war ich gerade zehn Jahre alt. Ich habe die ganze damalige Misere aber doch schon relativ bewusst miterlebt, etwa die entsetzlichen Bombenangriffe auf die Stadt, in der ich aufwuchs. Sie war geprägt durch bedeutende Industrieanlagen der Kugellagerindustrie – wie den Firmen Fichtel & Sachs, SKF und Kugelfischer – und infolgedessen nach dem Krieg eine der zerstörtesten Städte in Deutschland. Kugellager galten als kriegswichtig, da sie, in jedwedem Rad enthalten, auch Panzer zum Rollen brachten. Später kam für mich noch einmal verstörend hinzu – wie für alle in meinen Jahrgängen –, dass ich schon ab zehn in der Schule erfuhr, was während des NS-Regimes an Verbrechen von deutscher Seite her, vor allem an Juden, geschehen war. Auch in dieser Hinsicht bin ich in einer schwierigen Zeit aufgewachsen.

Zum Glück waren demgegenüber die Verhältnisse in meiner eigenen Familie recht tragend. Wir hatten, wenigstens in der engsten Familie, alle überlebt, obgleich wir um uns herum die Trauer der anderen Familien miterlebten, die ihre Väter, Mütter und viele der Geschwister verloren hatten. Wir bekräftigten uns immer wieder gegenseitig mit den Worten: „Was sind wir froh, dass wir alle wieder beisammen sind" – denn auch unser Vater war heil zurückgekommen.

MF: Können Sie Ihr persönliches Erleben dieser Zeit und welche Auswirkung diese auf Ihre Entwicklung hatte, noch ausführlicher beschreiben?

IR: Es waren vor allem zwei wichtige Aspekte: einerseits die starke Verbundenheit innerhalb der Familie, die Dankbarkeit für unser Überleben, und andererseits die sehr aufgewühlte und ratlose Zeit und die entsprechende Stimmung um uns herum. Natürlich begann bald der Wiederaufbau, die Menschen blickten wieder nach vorn, dabei wurde aber über dem äußeren Wiederaufbau oft die innere Aufräumarbeit nach Kriegserleben und NS-Zeit vergessen oder doch vernachlässigt. Es half uns Jungen niemand so recht dabei.

Viele meiner Klassenkameradinnen und Freunde hatten dieselben Erfahrungen gemacht. Wir suchten nach Erklärungen für das Schreckliche – im Grunde waren wir viel erwachsener, als man das heute im gleichen Alter ist. Einer meiner Freunde nahm sich nach dem Abitur das Leben, ein Kurzschluss nach einer gescheiterten Beziehung – aber doch auch, weil er mit seiner vorherigen Zugehörigkeit zur Hitlerjugend nicht mehr zurechtkam, er konnte es mit seinem späteren Selbstbild nicht mehr vereinen.

Als ich selbst als Schülerin mit der Verbrechensgeschichte des Nationalsozialismus konfrontiert wurde, begann ich zu fragen, ob es denn zur Zeit des sogenannten Dritten Reiches überhaupt keine Gegenkräfte gegeben habe, die dem allen entgegengetreten und Widerstand geleistet hätten – oder doch zumindest hätten leisten können. Da stieß ich auf einige wenige Gestalten wie zum Beispiel auf Dietrich Bonhoeffer, die mit dem Widerstand gegen Hitler, sogar mit dem Attentat auf ihn, in Verbindung gestanden hatten. Dafür hatte er mit dem Leben bezahlt. Das beeindruckte mich. Er war evangelischer Theologe und Pfarrer gewesen und auch das begann mich zu interessieren. Hätte womöglich die christlich-ethische Tradition das Potential gehabt, der Hitler-Herrschaft Einhalt zu gebieten? Aber wo waren die Kirchen geblieben, wo standen sie heute in der Nachkriegszeit? Diese anhaltenden

Fragen kamen nun nicht aus meinem familiären Hintergrund, denn meine Eltern waren kirchlich nicht sehr aktiv. Da mein Vater evangelisch und meine Mutter katholisch war, hatten sie bei der Eheschließung und der Taufe der Kinder mit der Institution Kirche einige Konflikte durchlebt und sich jeweils davon distanziert. Wohl auch aus diesem Grund waren wir zu einer sehr frei denkenden Familie geworden.

Trotzdem begann ich mich zu fragen, was über die demokratischen und humanistischen Traditionen hinaus die christliche Religion während dieser schlimmen Zeit hätte bewirken können. So bin ich auf Vorbilder wie Bonhoeffer gestoßen, der wegen seiner Beteiligung am Widerstand gegen Hitler von den Nazis noch im April 1945 hingerichtet wurde. Er war nicht der Einzige, der Widerstand geleistet hatte, wie ich erfuhr, auch Martin Niemöller und der ganze Kreis der sogenannten Bekennenden Kirche hatten es versucht. Diese ganze Thematik bewegte mich zunehmend und war eine wichtige Motivation für meine Suche nach geistiger Orientierung.

Hinzu kam emotional, dass mich sakrale Räume wie romanische oder gotische Kirchen auf eigentümliche Weise zu berühren begannen, auch der moderne Kirchenbau, der nach der Zerstörung einen ausgesprochenen Aufschwung erlebte (ich nenne nur die Architekten Schedel oder Wiedemann). Ein gelungenes Beispiel war St. Kilian in Schweinfurt, das unter Mitwirkung meines Vaters von dessen Firma erbaut wurde, wenige Schritte von unserer Wohnung entfernt, mit dem hinreißenden Fenster von Georg Meistermann an der Altarseite, das die ganze Wand von der Decke bis zum Boden füllt und die Ausgießung des Pfingstgeistes in einer abstrakten, bewegten Komposition von Tropfen und flammenden Farben darstellt. Hier begann meine Begegnung mit dem religiösen Bild: Diesen hohen Raum suchte ich oft auf und war überwältigt von der Lichtfülle, die ihn durchflutete. Auch die wachsende Berührbarkeit durch Musik von Bach bis Penderecki kam in dieser Zeit hinzu.

MF: Hat dies alles denn auch Ihre Studienwahl beeinflusst – Sie haben evangelische Theologie studiert?

IR: Es war bestimmt auch ein Grund dafür, mich für ein Studium der evangelischen Theologie zu entscheiden. Ich bin es allerdings wie ein Feldforschungsunternehmen angegangen. Ich war eine Forschungsreisende, die nicht von zu Hause, aus der Sicherheit eines vertrauten Raumes heraus, tätig wird, sondern von Lagerstatt zu Lagerstatt aufbricht und sich in einem unbekannten Gelände vorwärtsbewegt, um nach etwas zu suchen, das im Leben Orientierung gibt. Zum Glück stieß eine Freundin aus meiner Heimatstadt zu mir, die auch aus einer liberalen Familie stammte, sie wechselte nach wenigen Semestern dann in dasselbe Fach. Wir waren damals in den Vorlesungen und Seminaren die einzigen beiden Frauen unter jeweils an die hundert Studierenden, alles Männer. Das war ein Abenteuer! Es war natürlich sehr viel mehr als das, aber auch ein Abenteuer, unter diesen Rahmenbedingungen zu studieren. Die Professoren behandelten uns überwiegend väterlich und fanden uns wohl eher rührend. Die Studienkollegen verhielten sich zum Teil freundschaftlich, es kam auch zu tiefen Begegnungen, und zum Teil auch ironisch-distanziert. Aber vor allem wusste ja niemand, was daraus werden sollte! Damals konnte man als Frau noch nicht mit einem Pfarramt rechnen – das ist ja heute bei den katholischen Kolleginnen noch immer so, auch wenn sich bereits einiges geändert hat. Aber wir wollten auch nicht unbedingt das Pfarramt. Es ging uns mehr darum, Sinn und Werte für unser Leben zu finden. Aber diese Ausnahmesituation, als Frau in einer Männerdomäne zu studieren, lenkte mich früh auch auf die Frage, wo es denn eigentlich in unserer Gesellschaft für Frauen einen Platz gibt, wo sie sichtbar werden.

Ich habe mich dann später ja ausführlich mit der Geschichte der Frauen in Gesellschaft und Kirche beschäftigt. Vor allem ging es mir auch um die persönliche Ebene, um die Identität als Frau in den verschiedenen Alters- und Lebensphasen. Man muss sich in ihnen immer wieder neu entwerfen.

MF: War es in Ihrer Ursprungsfamilie ein Thema, als Mädchen beziehungsweise später als Frau Anerkennung zu bekommen?

IR: Diese Frage bringt mich jetzt doch noch zu meiner frühen Familiengeschichte. Sie spielt bei meinem Interesse an der persönlichen und gesellschaftlichen Geschichte von Frauen mit hinein. Ich wurde als drittes Mädchen unter fünf Geschwistern geboren und wurde, wie man mir glaubwürdig versichert, in der Familie mit großer Freude empfangen. Mein Vater, der ein Familienunternehmen in der Baubranche leitete, mochte mich sehr, aber er sehnte sich insgeheim nach einem Sohn, der das Unternehmen künftig würde weiterführen können. So etwas konnte seinem Verständnis nach damals nur ein Sohn. Ich hing an meinem Vater und spürte doch unbewusst seinen Wunsch nach einem Buben, das hat mich geprägt. Als ich zweieinhalb Jahre alt war, kam dann ein Junge zur Welt, der erste Junge in der Familie, dem später noch ein weiterer folgte. Ich reagierte natürlich auch mit Eifersucht auf die übergroße Freude meines Vaters und auf die Aufmerksamkeit, die mein Bruder erhielt. Das weiß ich mehr aus Familienerzählungen als aus eigner Erinnerung. Ich habe aber das Gefühl, dass es wirklich so gewesen sein muss … Ich befand mich im Alter der Trotzphase! So zog ich mich von meinem Vater zurück und wandte mich stärker meiner Mutter und vor allem meiner Großmutter zu. Zu ihr hatte ich eine besondere Bindung, da ich kurz nach dem frühen Tod ihres Mannes, meines Großvaters, geboren wurde. Er war sehr plötzlich an einer akuten Lungenentzündung gestorben, die man damals nicht recht behandeln konnte. Für meine Großmutter und meine Mutter war das eine traurige und schwere Zeit. Ich erinnere mich heute noch daran, dass die beiden gerne und oft sagten, ich sei ihr „Trösterle" gewesen.

MF: Das klingt etwas ambivalent.

IR: Ja. Denn so entstand offenbar – ich war noch viel zu klein für so etwas – ein wichtiges „Skript" als Vorgabe für meine Rolle innerhalb der Familie und wohl auch schon als Vorentwurf für mein späteres Leben. Ich tat es ja auch gerne und war sehr froh, wenn mir das Trösten irgendwie gelang. Einerseits das „Trösterle" in der Familie zu sein und andererseits zu erleben, dass Mädchen doch nicht ganz gleichwertig sind, das spielte auf der Suche nach meiner Identität als Frau durchaus eine Rolle. Wobei sowohl von Seiten meiner Mutter wie auch von Seiten meines Vaters durchaus gefördert wurde, dass wir Töchter nach dem Abitur studierten. Er traute Frauen gewiss etwas zu, nur nicht gerade in der Wirtschaft, nicht gerade in Führungspositionen. Eigentlich war ich wohl in den ersten Jahren sein „Wunschbub" gewesen, auf den er auch den Buben projiziert hatte, den er sich erhoffte, bis er dann wirklich einen Buben bekam. Aber was war ich dann?

Auch meine beiden älteren Schwestern reagierten in gewisser Weise auf diesen unausgesprochenen Wunsch unseres Vaters: Sie schlugen beide akademische Berufswege ein, wählten aber mit Mathematik und Physik eine Studienrichtung, die damals noch Männerdomäne war. Sie waren allerdings wirklich begabt. Als ich eine meiner Schwestern einmal fragte, wie sie darauf gekommen sei, sagte sie nur: „Man nimmt doch einfach das, was am leichtesten ist." Das hätte ich selber über diese Fächer nicht sagen können, meine Begabung lag ganz woanders. Jedoch ähnlich wie meine Schwestern suchte auch ich mir einen Bereich aus, der damals hauptsächlich von Männern beherrscht wurde, suchte damit Zugang in männliche Domänen.

Heute würde man das nicht mehr so sehen, dass in der evange-lischen Theologie ausschließlich Männer Führung und Einfluss haben. Damals aber war es doch noch so. Man hatte gar kein Problembewusstsein dafür.

MF: Was bewog Sie aber dann dazu, nicht wie Ihre Schwestern eine naturwissenschaftliche Fachrichtung zu wählen, sondern evangelische Theologie zu studieren?

IR: Während ich überlegte, was ich studieren sollte, habe ich mich durchaus schon mit meiner Identität als Frau auseinandergesetzt. Ich verspürte ein großes Interesse an den Geisteswissenschaften und den starken Wunsch nach Selbstverwirklichung im Beruf, was ich damals selbst als eine eher männliche Einstellung sah. Und ande-rerseits wollte ich wohl auch künftig das „Trösterle" für Menschen sein und stellte mir vor, dass es vielleicht in Form einer seelsorgerli-chen Begleitung von Menschen Gelegenheit dazu gäbe. Es war eine Herausforderung für mich, das Gleichgewicht zu finden zwischen dem Wunsch, für andere zu sorgen, einem eher weiblichen Wunsch, und meinem Drang nach beruflicher Verwirklichung – vielleicht auch in größerer Öffentlichkeit –, ein vielleicht eher männlicher Wunsch, jedenfalls nach den Vorstellungen der damaligen Zeit …

Die warmherzige Sorge für uns Kinder hatte ich auch während des Krieges bei meiner Mutter und Großmutter auf gute Weise erlebt. Ihnen verdanken meine Geschwister und ich, wie ich denke, dass wir die traumatischen Erlebnisse des Bombenkrieges so halbwegs ohne größere seelische Schäden überstanden haben. Wahrscheinlich wäre es anders ausgegangen, wenn jemand aus der Familie im Krieg umgekommen wäre, davon bin ich überzeugt. In der Rückschau stellten wir oft fest, dass wir trotz all dem Schreck-lichen in jener Zeit eine beschützte Kindheit gehabt hatten. Die Dankbarkeit dafür, dass wir alle heil aus dem Krieg herausgekom-men waren, blieb in unserer Familie immer spürbar …

Natürlich hatte es auch Krisen und Brüche gegeben. So glaubte meine Mutter, mich und meinen Bruder in den vor Luftangriffen geschützten Schwarzwald in ein Kinderheim geben zu sollen, da sie kurz vor der Geburt eines weiteren Kindes stand und wenigstens uns etwas ältere Kinder aus der Stadt heraus und in Sicherheit bringen wollte. Mit meinen neun Jahren konnte ich damals aber den schrecklichen Gedanken nicht unterdrücken: „Vielleicht sehe ich meine Familie nie mehr wieder." Als ich unmittelbar vor Kriegsende von meiner Mutter aus dem Kinderheim abgeholt wurde und mit ihr zusammen nach drei Tagen Fahrt endlich wieder in der Heimatstadt ankam, entdeckte ich, dass unser Haus bei den Bombenangriffen zerstört worden war. Als meine Mutter spürte, dass ich gleich losheulen würde, sagte sie nur: „Ach schau, die Sorge wären wir nun los." Das zeigt, wer sie war. Und was ich an ihr lernen konnte. Sie hatte das durchaus ganz nüchtern so empfunden, denn nun konnten wir die Stadt verlassen. Das war nicht gegangen, solange sie sich noch um das Haus hatte kümmern müssen. Das Haus konnte Sie loslassen.

Aber zurück zum Hintergrund für meine Studienentscheidung. Der Kern meiner Entscheidung war die Suche nach etwas Tragendem, sowohl im Ethischen wie auch im Spirituellen.

STUDIENZEIT – ABLÖSUNG VOM ELTERNHAUS

MF: Wie nahmen denn Ihre Eltern und vor allem Ihr Vater – an dessen Meinung Ihnen ja sehr lag – diese in ihrer Familie eher ungewöhnliche Studienwahl auf?

IR: Für mich war es eine ausgesprochene Mutprobe, anzusprechen, dass ich Theologie studieren wollte! Ich war achtzehn, als ich mich im Herbst, gleich nach dem Abitur, für das Semester

1953/1954 einschrieb. Im Hinblick auf die Lebensphasen gehört diese Zeit noch zur Adoleszenz und zu deren Themen. Dazu gehört ja auch die Ablösung vom Elternhaus. Ich erinnere mich noch ganz genau daran, wie schwer es mir fiel, meinem Vater von meiner Studienwahl zu erzählen. Es geschah erst auf der Fahrt zur Einschreibung an der Universität. Er fuhr mich und mein ganzes Gepäck liebenswürdigerweise mit dem Auto zu meinem ersten Studentenzimmer in Heidelberg. Ich überlegte die ganze Fahrt über, wie ich es ihm am besten sagen sollte! Die Familie dachte nämlich, ich würde Literaturwissenschaften studieren, da Deutsch mein Lieblingsfach gewesen war. Wie es der Zufall wollte, lief im Autoradio eine Sendung zu dem Thema, dass Frauen sich vermehrt für Theologie interessieren würden. Wir hörten gemeinsam zu und als der Neckar in Sicht kam, brachte ich es endlich heraus: „Was würdest du denn dazu sagen, wenn ich auch auf diese Idee käme?" Nach einigen Minuten Stille antwortete er mir etwas, das mich sehr überrascht hat: „In deinem Alter hätte ich mir das auch vorstellen können, da interessiert einen so etwas sehr. Aber so wie ich das geistige Klima in unserer Familie kenne, befürchte ich, dass du mit deinem kritischen Denken diese Entscheidung irgendwann in Frage stellen wirst. Es täte mir einfach sehr leid, wenn du einen Beruf mit einer recht unsicheren Perspektive beginnen würdest." Er sagte nur das und trug dann fraglos mit einem monatlichen Beitrag das Studium mit. So war das in unserer Familie – es gab offene kritische Worte, die einem ganz schön einheizten, ohne dass man deshalb Sanktionen zu befürchten hatte. Die Konsequenzen trug man selbst. Ich habe später oft an Vaters erste Reaktion denken müssen.

MF: Hatten Sie während des Studiums auf Grund Ihrer kritischen Haltung wirklich Probleme mit den Lehrinhalten oder mit den Professoren?

IR: Mit den Professoren gab es keine großen Probleme. In den Seminaren gab es zwar unterschiedliche Meinungen, die ich auch äußerte, aber nur selten heftige Auseinandersetzungen, man kannte und übte diesen Stil noch nicht in der Nachkriegszeit. Ich blieb sehr kritisch, wenn man mir Glaubensvorstellungen als „objektive Wahrheit" nahebringen wollte, wurde aber aufmerksam, wenn man dann einlud, sie als existentielle Erfahrungen in symbolischem Gewand zu interpretieren. Und ich lernte vieles, was mir noch heute wertvoll ist, kennen, etwa die Kirchengeschichte von mehr als 2000 Jahren, die festgefahrene Glaubensvorstellungen, immer wieder selbst relativierte, dazu vor allem die im evangelischen Studium sehr ernst genommene Bibel-Forschung mit ihrem historisch-kritischen Zugang zur Bibel. Ein wirklich lebendiges und eindrucksvolles Bild des historischen Jesus, das mich auch innerlich berührte, habe ich da mitbekommen, auch die Friedens-Ethik des Evangeliums, zumal damals die Frage der Wiederbewaffnung der Bundesrepublik im Rahmen des westlichen Bündnisses die Öffentlichkeit, auch die kirchliche, stark und kontrovers bewegte.

Es war insgesamt ein sehr aufgeklärtes Studium, das ich damals in Heidelberg, Erlangen und vor allem auch in Göttingen zum Beispiel bei Ernst Käsemann absolvierte. Dennoch gab es danach für mich viele unbeantwortete Fragen. Es war auch die Zeit, in der mit Rudolf Bultmann das Programm der sogenannten Entmythologisierung und der dazugehörigen existentialen Interpretation aufkam. Das interessierte mich sehr, wirkte befreiend auf mich, und ich begann, mich damit auseinanderzusetzen. Am Ende des Studiums kam ich letztendlich zur Erkenntnis, dass die Religion eine symbolische Wirklichkeit sei, dass sie eine symbolische Sprache spricht und dass man sie nur unter dieser Perspektive richtig verstehen kann. Entsprechend wählte ich dann auch ein Thema über die Symbolik des religiösen Bildes für meine Promotion, genauer das Thema „Das wort-haltige Bild". Diese Erkenntnis beinhaltete auch, dass es in der religiösen Symbolik nicht einfach um wahr und falsch geht, sondern um die seelische und existentielle Bedeutsamkeit der Aussagen, hinter denen wirkliche Erfahrungen stehen. Damit hatte ich mich eigentlich schon recht freigeschwommen. Aber dann kam die große Preisfrage: Was mache ich nun beruflich?

MF: Wollten Sie nicht eine kirchliche Laufbahn einschlagen?

IR: Natürlich gab es damals die kirchliche Jugendarbeit oder ähnliche Aufgaben, mit denen ich dann auch meine berufliche Tätigkeit begann, aber das Pfarramt stand Frauen nicht offen. Das ist für eine katholische Theologin heute noch so. Doch innerhalb der evangelischen Kirche war damals darum eine heftige Diskussion entbrannt. Während des Krieges waren viele theologisch gut ausgebildete Frauen eingesprungen. Sie leisteten nicht nur Gemeindearbeit, sondern übernahmen das volle Pfarramt, da die Männer fehlten. Danach wehrten sie sich dagegen, einfach wieder hinausgedrängt zu werden. Man konnte vor allem nicht mehr so tun, als könnten Frauen diese Aufgabe nicht ausfüllen. In der evangelischen Kirche ist die Schwelle hierfür ja bekanntermaßen nicht so hoch wie in der katholischen: Das Pfarramt ist für uns ein Dienst in der Weitergabe des Evangeliums, vor allem in Predigt, Seelsorge und Gemeindearbeit. Es wurde damals zunächst noch sehr kontrovers diskutiert, ob auch eine Ordination von Frauen für diesen Dienst in Frage käme. Aber wie mein Vater vorhersah, folgte ich auch nach dem Studium nicht einem Denken in engen rechtgläubigen Bahnen. Da mir auch die kirchlichen Strukturen und die Arbeit in der Gemeinde relativ fremd geblieben waren, beschloss ich nach einigen Aufgaben in der Jugendarbeit, mir ein breiteres Berufsfeld zu suchen. Ich strebte ein weiteres Tätigkeitsspektrum an.

MF: Wenn nicht eine Tätigkeit im Umfeld der Kirche in Frage kam, in welche Richtung sollte es dann gehen?

IR: Mir schwebte beispielsweise auch eine Tätigkeit in einem Verlag oder in den Medien vor. Mit der Idee, ein Zweitstudium der Germanistik dranzuhängen, kam mein Interesse an Literatur dann doch noch zum Zuge. Die Frage war nur: Wie sollte ich das finanzieren? Meinen Vater wollte ich nicht mehr fragen, er war trotz seiner Einschätzung, dass es Probleme mit der beruflichen Perspektive geben würde, bereits für das Theologiestudium aufgekommen! Zum Glück erfuhr ich rechtzeitig, dass es einige öffentliche Stiftungen gab, die Zweitstudien förderten, deren Absolventen zwischen verschiedenen Disziplinen vermitteln könnten. Auch die evangelische Kirche war damals sehr daran interessiert, dass theologisches Wissen und ethische Werte auch in andere Felder der Gesellschaft vermittelt würden und dass es Theologen gäbe, die sich in Bereichen der Öffentlichkeitsarbeit auskennen. So habe ich mich beworben und tatsächlich von der VW-Stiftung ein Stipendium erhalten – es wurde über das Evangelische Studienwerk Villigst auch an Theologen vermittelt. Mein Vater staunte, nicht ohne Respekt, aber es hat ihn natürlich auch amüsiert: „Kein Zufall, dass du eine Förderung von der VW-Stiftung bekommst, wo du doch ausschließlich VWs fährst!" (Ich habe bis heute keine andere Marke gefahren!) Ich absolvierte das Studium der deutschen Literatur verbunden mit den Fächern Kommunikationswissenschaft und Sozialpsychologie dann in nur sechs Semestern, denn ich bekam aus meinem Erststudium vieles Grundlegende anerkannt, vor allem die Promotion. Danach verfügte ich über eine interdisziplinäre Bandbreite an Ausbildung, doch wusste ich immer noch nicht, was ich beruflich damit anfangen konnte.

KULTURARBEIT IN AUFGEWÜHLTEN ZEITEN

MF: Wie kamen Sie zu Ihrer ersten Anstellung in Kassel?

IR: Von einem Bekannten wusste ich, dass in Kassel eine neue Form von Hochschule, eine Gesamthochschule, geplant war. Das interessierte mich und ich kam auf die Idee, dass ich dort vielleicht mit einem Lehrauftrag für Ethik beziehungsweise für Sozialethik einsteigen und auch als Hochschuldozentin tätig werden könnte. Das muss ich kurz erklären: In den 1960er-Jahren wurde in einigen Bundesländern der Aufbau von Gesamthochschulen in Angriff genommen, welche die Konzepte von Fachhochschulen und die von Universitäten vereinen sollten, es wurden zum Beispiel die Ausbildungsgänge für Sozialpädagogik, die bis dahin den Fachhochschulen zugeordnet waren, in Hochschulstudiengänge umgewandelt und als solche qualifiziert. Die erste Gesamthochschule wurde 1971 in Kassel eröffnet und im Zuge dessen wurden Lehrkräfte gesucht. Ich bewarb mich, erhielt tatsächlich einen Lehrauftrag und zog aus dem fränkischen Nürnberg nach Kassel um. Dort angekommen, wo ich tatsächlich noch keinen einzigen Menschen kannte, fühlte ich mich erst einmal einsam. Aus Interesse und um Menschen kennenzulernen, begann ich die spannenden Veranstaltungen der Evangelischen Akademie im nahegelegenen Hofgeismar zu besuchen. Hier fand ich erste neue Freunde und diskutierte natürlich eifrig mit ... Eines Tages fragte mich der Direktor der Akademie, damals Hans-Gernot Jung, ob sein Eindruck stimme, dass ich vielleicht doch noch nicht den beruflichen Rahmen gefunden habe, der zu meiner breiten Ausbildung passe. Er hatte einen Hintergedanken bei dieser Frage, er wollte die Akademie ausbauen und unter anderem auch mehr im Bereich Kultur anbieten, der ihm sehr am Herzen lag. Kassel ist immerhin die Stadt der documenta-Ausstellungen, bei der sich die Avantgarde der Weltkunst regelmäßig trifft. Er fragte mich, ob ich mir vorstellen könne, den Kulturbereich aufzubauen und zu betreuen. Ich war damals knapp dreißig Jahre alt und mir wurde ganz anders vor Überraschung, vor Freude und auch aus Respekt vor der Aufgabe. Ich konnte gar nicht anders als zusagen. Eigentlich war die Stelle zeitlich auf zehn Jahre befristet, da in solch einer Einrichtung ein Wechsel der Generationen wichtig ist, damit es immer wieder neue Impulse gibt. Doch als ich anfing, war das noch nicht bindend. So betreute ich die Kulturarbeit an der Akademie, zu der nach meiner Auffassung auch die jeweils neuen soziokulturellen Strömungen gehörten, dann schließlich vierzehn Jahre lang. Es war nun doch eine Stelle im Rahmen der Kirche und doch eine von ungeahnter Weite und Freiheit.

MF: Wenn Sie heute auf Ihre Zeit in der Evangelischen Akademie zurückblicken – was war in dieser Zeit besonders wichtig und eindrücklich?

IR: Zunächst einmal war es ein wunderbares Betätigungsfeld! Als sehr junge Studienleiterin in einer gesellschaftspolitisch aufgewühlten und aufgeschlossenen Zeit konnte ich viel Neues ausprobieren. Ich denke oft, dass es heute im Vergleich dazu fast langweilig ist! Ich kam auch mit verschiedenen neuen kulturellen Strömungen in Kontakt, die damals aufkamen – ich nannte sie Sub-Kultur. Dazu gehörte zum Beispiel die Sehnsucht nach Meditation und Mystik. Diese Strömungen entstanden – wie ich es sehe – im Gefolge der Studentenbewegung Anfang der 1970er-Jahre wie eine komplementäre Gegenbewegung zu dieser. Es wurden damals vor allem die bestehenden politischen und gesellschaftlichen Strukturen und persönlichen Lebensformen hinterfragt. Es gab aber auch einen Flügel der gleichen Generation, der sich auf die spirituelle Suche machte und dies mit politischen Fragen verband. Sie hatten noch die Hoffnung, man könne – durch Verbindung mit Meditation und Imagination – das politische Denken und Handeln verändern. Ich organisierte viele Veranstaltungen, die diese Fragen thematisierten, und gab Gelegenheit, Meditation und Kontemplation in eigener Übung kennenzulernen. Karlfried Graf Dürckheim und Pater Enomiya Lasalle, die ersten autorisierten, westlichen Lehrer des Zen, waren bei uns zu Gast. Dabei hatte ich relativ freie Hand, konservative Kirchenkreise rümpften zwar spürbar die Nase, machten aber doch keinen Aufstand. An der Akademie herrschte damals ein unglaublich offenes Arbeits- und Diskussionsklima.

Außerdem ist Kassel als Stadt der documenta, der Weltausstellung für zeitgenössische Kunst, bei der ich auch Führungen durchführte und Künstler an die Akademie einlud, gewohnt, mit Neuem umzugehen. Das war eine sehr, sehr schöne Zeit, für mich zugleich die Lebensphase des frühen bis mittleren Erwachsenenalters. Ein wichtiges Thema dieser Phase ist es, sich einzubringen, Ideen und Vorstellungen umzusetzen und dabei das Realisierbare gegen das Unmögliche abzugrenzen. Das alles konnte ich an der Akademie in vollen Zügen ausleben. Zudem lernte ich auch viele interessante Menschen kennen, von Joseph Beuys bis Dorothee Sölle, oder auch als Vertreter der Alternativkultur Reimar Lenz, mit manchen bin ich seither in Freundschaft verbunden wie mit den Kollegen an anderen Evangelischen Akademien, mit Gerhard Marcel Martin oder Wolfgang Teichert. Und ich stieß hier auf all die Themen, mit denen ich mich später beruflich und wissenschaftlich weiter beschäftigten sollte.

DIE LEITTHEMEN MEINES LEBENS

MF: Was sind das im Einzelnen für Themenbereiche?

IR: Neben Meditation und Mystik – und dem damit verbundenen interreligiösen Dialog – wurde damals auch die Psychologie in breiteren Kreisen zu einem wichtigen Thema. Man suchte „Selbsterfahrung" im Gruppensetting oder auch ausdrücklich als Einzelner und begann, sich in diesem Zusammenhang auch für das Unbewusste und für Träume zu interessieren. In diesem Zusammenhang stieß ich auch auf die Vorstellungen und psychologischen Konzepte von Carl Gustav Jung, dem Begründer der analytischen Psychologie. Ich lud wichtige Vertreterinnen und Vertreter der ersten Generation von Jungianern nach Hofgeismar zu Tagungen ein, darunter Marie-Louise von Franz, eine der frühesten Mitarbeiterinnen von Jung, Mario Jacoby oder die damals recht junge Verena Kast, mit der ich seither befreundet bin.

In diesem Umfeld blühte auch ein großes Interesse an Märchen und Mythen auf. Es war wie eine Woge der Rückbesinnung auf eine verdrängte Tradition. Die Beschäftigung mit Märchen und Mythen war durch deren ideologische Vereinnahmung im Nationalsozialismus bis in diese Zeit hinein noch mit einem starken Tabu besetzt. Sie wurden nicht mehr weitervermittelt, was natürlich Unsinn ist. Noch dazu, wo doch Kassel ein Zentrum der Gebrüder-Grimm-Forschung war und auch durch seine geografische Lage für das Thema prädestiniert schien – die Gebrüder Grimm hatten gerade im nördlichen Hessen mit seinen Waldgebieten viele der überlieferten Märchen aufgezeichnet. Ich stellte gewissermaßen den Anschluss wieder her, vor allem über die tiefenpsychologische Märchenforschung und indem ich sie mit dem märchenkritischen Diskurs der Frankfurter Schule, vertreten zum Beispiel durch den sympathisch ironischen Iring Fetscher, konfrontierte. Das war ein wichtiger thematischer Schwerpunkt. Ein weiterer, der etwas später hinzukam, war der Feminismus, der gesellschaftlich damals aufkam und bis in theologische Kreise kritisch hineinwirkte. Schon zuvor hatte ich mich, wie gesagt, immer wieder gefragt, wo in unserer Gesellschaft Frauen wirklich Einfluss nehmen könnten und wie und warum man sie lange ausgegrenzt hatte.

Für viele Frauen dieser Generation wurde auch die alte Frage nach der Repräsentation des Weiblichen in der Religion wieder aktuell, vor allem auch bezogen auf die christliche Religion und Kirche. Und damit hängt natürlich auch die Frage nach der Legitimation der Frau als Pfarrerin, ja als Priesterin, zusammen. Es wurde nun neu darüber diskutiert, dass es in den verschiedenen Religionen überall auf der Welt Priesterinnen gegeben hatte und noch gab. Eine Ursache für die jahrhundertelange Ausgrenzung der Frau im Christentum sah ich – wie viele andere auch – in dem vorherrschenden Gottesbild begründet, in dem das Weibliche nicht genügend oder gar nicht repräsentiert beziehungsweise symbolisiert ist. Am ehesten könnte es dies noch in Maria sein, die aber im evangelischen Christentum wenig Bedeutung hat. Im katholischen Christentum spielt Maria zwar eine Rolle, sie darf aber aus dogmatischen Gründen auch hier nicht als „Göttin" verstanden werden. Heute trauen sich aber sogar evangelische Theologinnen, zu denken, dass Maria eigentlich die Eine, die Verbindende sein könnte, die die göttliche Dreiheit symbolisch wie mit einem einzigen Mantel umhüllt – so wie es die Figuration in einer Dorfkirche im Chiemgau als Ausdruck der Volksfrömmigkeit längst schon darstellt. Doch der Dogmatik gemäß muss die Trinität von Vater, Sohn und Heiliger Geist an der Spitze bleiben. Auch in späteren Lebensphasen trieb mich das Thema Feminismus, verbunden mit solchen Fragen, weiter um. Heute kann ich diese Zusammenhänge aus historischem und symbolischem

Blickwinkel sehen und muss mich nicht mehr so stark darüber aufregen. Es geht, wie ich heute denke, hier mehr um eine Frage der Bewusstseinslage als um eine der Wahrheit.

MF: Sie wussten damals, dass die Zeit in Hofgeismar begrenzt ist. Hatten Sie eine Vorstellung, was danach kommen sollte?

IR: Für mich war irgendein Gemeindejob nach dieser Aufbruchszeit undenkbar. Meine Tätigkeit an der Evangelischen Akademie in Hofgeismar hatte meine Lebensjahre zwischen dreißig und vierzig gefüllt. Dies ist die Lebensphase, in der die Realisierung von Ideen ansteht. Als ich dann auf die vierzig zuging, begann ich mich zu fragen: Wo stehst du eigentlich selbst in deinem Leben, du persönlich und in deiner inneren Entwicklung? Zudem wurde mir die Anstrengung, mit so großen und ständig wechselnden Gruppen zu arbeiten, langsam zu viel.

Die Idee, Einzelne noch intensiver bei ihrer persönlichen Entwicklung begleiten zu wollen, nahm langsam Gestalt an. Im Rahmen der Großveranstaltungen war dies nicht möglich, aber in kleineren Gruppen oder auch mit einzelnen Menschen, die immer wieder mit ihren Lebensproblemen zu mir kamen, machte ich erste Erfahrungen damit. Durch die psychologischen Themen, die damals auch in der Bildungsarbeit eine wichtige Rolle spielten, war mir bewusst geworden, dass es neben der Theologie und der mit ihr verbundenen Seelsorge einen anderen und vielleicht noch persönlicheren, noch tieferen Zugang zum Menschen gibt.

MF: Die Psychologie nahm einen zunehmend wichtigeren Platz unter Ihren Interessen ein. Hatten Sie hier irgendwelche Vorbilder?

IR: Es gab schon einige historisch bedeutsame Menschen, wie beispielsweise in der Religionspsychologie Martin Buber, Paul Tillich, in der Psychotherapie C. G. Jung oder im Hinblick auf sozialpsychologische Fragen auch Erich Fromm, die ich generell als geistige Vordenker bezeichnen könnte. Doch die Themen, die mich jetzt interessierten, haben sich mir vor allem über Gleichgesinnte erschlossen, über Mitforschende und Mitstreiter wie Verena Kast oder Mario Jacoby und so manche mehr. Bei dem Umbruch, der sich mit Ende dreißig in meinem Leben vollzog, war die Frage nach der inneren seelischen Entwicklung des Menschen die treibende Kraft. Da kam in mir auch das „Trösterle" wieder ins Spiel. Bereits mit dem Theologiestudium hatte ich einen Weg gewählt, auf dem man letztlich, vielleicht als Seelsorgerin, Menschen bei ihrer Sinnsuche würde begleiten können.

Hier spielten auch relativ frühe Erfahrungen mit hinein: Kurz nach der Schulzeit hatte sich, wie schon erwähnt, einer aus meinem Freundeskreis das Leben genommen. Während des Studiums begleitete ich eine Kommilitonin sehr intensiv, die mit suizidalen Impulsen rang, die ich in einem Seminar fast zufällig bemerkt hatte. Sie konnte, von mir unterstützt, die Krise überwinden und wir sind uns dadurch sehr nahe gekommen. Ich kann die einzelnen Begegnungen mit suchenden und auch verzweifelten Menschen kaum aufzählen, die auch während der Zeit an der Akademie auf mich zugekommen waren. Sie haben mich letztlich dazu gebracht, mit Ende dreißig noch einmal etwas Neues zu beginnen. Ich meldete mich im C. G. Jung-Institut in Zürich an, als ich eben 39 Jahre alt geworden war.

IN DER MITTE DES LEBENS ANGEKOMMEN – AUSBILDUNG ZUR PSYCHOTHERAPEUTIN UND EIGENE PRAXIS

MF: Wie sind Sie auf C. G. Jung gestoßen?
IR: Einmal durch eine ehemalige Klassenkameradin und dann auch durch Freunde, die auf Grund von Eheproblemen eine Therapie begonnen hatten. Sie erzählten mir, wie sie völlig neue

Perspektiven dabei gewonnen hatten, jeder für sich selbst, aber auch füreinander. Der andere Zugang kam über die generelle Beschäftigung mit der Psychologie während dieser Zeit. Ich habe ja bereits geschildert, dass sie auch in der Bildungsarbeit der Akademie mit großem Interesse verfolgt wurde.

Jungs Sichtweise sprach mich insofern sehr an, als er in dem sogenannten Unbewussten nicht nur verdrängte Lebensgeschichte sah, sondern auch eine Ressource noch ungelebter Lebensmöglichkeiten und entsprechend bedeutsamer Bilder. Es gab aber auch einen direkten Impuls aus meinem Inneren, der mich zu Jung führte: Ich wollte meinen eigenen Träumen, die sich in der Zeit intensiv meldeten, auf die Spur kommen, sie verstehen und mich selbst über sie noch tiefer kennenlernen. Über mein Interesse an dem wunderbar lebendigen Ansatz C. G. Jungs hinaus meldete sich in mir etwas, das in neuer Weise nach meiner eigenen Lebensgeschichte fragte. Ich war in der Mitte des Lebens und bei mir selbst angekommen. Die Sinnfrage, die ich seit meiner Jugend und als Studienleiterin auf einer allgemein gesellschaftlichen Ebene schon lange gestellt hatte, bekam plötzlich eine tiefe persönliche Dimension. War es der Sinn meines Lebens, dass ich Hunderte von Tagungen durchgeführt hatte? Genügte das? Erfüllte mich das?

Da ich mit Ende dreißig natürlich noch keine großen Ersparnisse hatte, arbeitete ich parallel noch einige Zeit weiter an der Akademie, um die anspruchsvolle und zeitaufwändige Ausbildung am C. G. Jung-Institut in Zürich machen zu können. Ich pendelte in dieser Zeit zwischen der Ausbildung in Zürich und der Arbeit in Hofgeismar hin und her und arbeitete parallel dazu noch mit den therapeutischen Trainingsfällen.

MF: Hörten Sie denn erst am Ende Ihrer Ausbildung an der Akademie auf? Wie kamen Sie nach Konstanz?

IR: Ich wollte nach dem Examen in der Schweiz nicht als Ausländerin leben und arbeiten, obwohl ich in Zürich sehr gute Freunde gefunden hatte. Das Leben dort ist doch ein bisschen anders. Ich zog also nach Konstanz, obwohl ich in der Stadt damals noch niemanden kannte. Ich liebe die Landschaft am Bodensee, seit ich sie in meiner Jugend bei einer Radtour entdeckte hatte. Es war damals zudem noch komplizierter als heute, als Ausländerin in der Schweiz eine Praxis aufzubauen. Aber ich konnte mit dem Schweizer Examen ja damals problemlos auch in Deutschland arbeiten. Das ist inzwischen anders, da der Beruf des Psychotherapeuten in Deutschland durch direkte Zulassungen bei den Krankenkassen und entsprechende Abrechnungsmöglichkeiten wie bei den Ärzten geregelt wurde.

Konstanz war für mich ein guter Ort und zugleich eine Drehscheibe zwischen den beiden Ländern. In der Zeit begannen viele, die am deutschen Ufer des Bodensees lebten, ihre Ausbildung im Züricher C. G. Jung-Institut. Ich stellte damals mit meiner Praxis in Konstanz eine Art Grenzposten dar, von hier aus konnten viele ihre Lehranalyse und ihre Supervision absolvieren und die Vorlesungen in Zürich besuchen. Es ist ja per Bahn wie per Auto nur eine Stunde Fahrt. Ich habe seit damals auch gute Kontakte zum C. G. Jung-Institut in Stuttgart, aber stärker waren die Verbindungen in die Schweiz, weil ich in Zürich ausgebildet wurde und dort auch bald als Dozentin für den Ausbildungsbetrieb von künftigen Psychotherapeutinnen und -therapeuten angefragt wurde und gerne zusagte.

MF: Wie ging es dann weiter?

IR: Eben mit dem Einstieg in die zweite Lebenshälfte.

MF: Aber kommt die nicht erst später?

IR: Nach allgemeiner Auffassung ja, aber nach C. G. Jungs eigenwilligem und interessantem Konzept von der zweiten Lebenshälfte fängt diese schon ab vierzig, vielleicht sogar schon in den späten Dreißigern an, wenn uns Menschen die Endlichkeit unseres Lebens bewusster wird und wir ernsthafter als bis dahin zu fragen beginnen, was einmal die Essenz unseres Lebens gewesen sein soll. Wir Frauen vor allem – wir haben früher als Männer das Gefühl, in der Lebensmitte angekommen zu sein. Das versuche ich bei der Beschreibung der Lebensphasen immer wieder herauszuarbeiten. Das geht mit der körperlichen Umstellung, die die Menopause einleitet, einher, mit dem Wissen, dass wir jenseits der vierzig allmählich unsere Gebärfähigkeit verlieren. Diese hängt sehr stark mit der weiblichen Identität zusammen. Mit der Menopause wird ein Lebensabschnitt abgeschlossen und die Frage nach der eigenen Identität stellt sich für Frauen noch einmal neu.

Bei mir kam in eben diesen Jahren der berufliche und räumliche Wechsel hinzu, der bestimmt auch von der Suche nach einer vertieften Identität und der Frage nach der Essenz des Lebens – wie sie sich zu Beginn der zweiten Lebenshälfte stellt – mit ausgelöst wurde.

Meine heutige Wohnung in Konstanz, in die auch mein therapeutischer Arbeitsraum integriert ist, habe ich übrigens noch von Kassel aus gefunden. Ich bestellte mir dort immer wieder die Wochenendausgabe der Konstanzer Tageszeitung, in der die Wohnungsangebote veröffentlicht waren. Eigentlich befürchtete ich damals, dass es ausgesprochen schwierig sein würde, etwas Geeignetes zu finden. Immerhin ist Konstanz als beliebtes Urlaubsgebiet im Bodenseeraum und als Universitätsstadt ein ganz besonderer Ort. An einem Samstag fuhr ich dann die acht Stunden mit der Bahn von Kassel nach Konstanz, um mir eine Wohnung anzuschauen, die mir unter den Inseraten aufgefallen war. Doch sie war bereits vergeben, als ich ankam. Doch dann sagte die Maklerin lächelnd: „Ich habe etwas, das Sie vielleicht noch mehr überzeugt."

Sie zeigte mir in demselben Haus eine andere, die oberste Wohnung und meinte mit einem Lächeln: „Hier könnten Sie auch Ihre Praxis einrichten." Bis dahin hatte ich gedacht, es müsste eine kleine Wohnung sein wie schon in Kassel. Doch als ich diese Wohnung sah, sagte ich sofort zu und wohne und arbeite bis heute in ihr. So entwickelte sich der berufliche Neuanfang zu einer ganz stabilen Angelegenheit. Es brauchte dann noch vier Monate, bis ich mich endgültig von Kassel gelöst hatte.

KIRCHE, PATRIARCHAT – UND DIE FRAUEN

MF: Sie hatten sich also als Therapeutin in Konstanz etabliert. Waren Sie trotzdem auch weiterhin in der Erwachsenenbildung tätig?

IR: Aus meiner Zeit an der Akademie in Kassel hatte ich noch viele Kontakte zu anderen Bildungseinrichtungen, auch zu freien Fortbildungseinrichtungen wie der Internationalen Gesellschaft für Tiefenpsychologie (IGT), in deren wissenschaftliche Leitung ich gewählt wurde. So wurde ich immer wieder eingeladen, Vorträge und Seminare zu halten, meine Verbindungen reichten bis hin zum Katholischen Bildungswerk in Wien. Gerade als ich einmal dort war, wurde sehr kontrovers diskutiert. Da hatten sich einige katholische Theologinnen zu Priesterinnen weihen lassen – auf einem Schiff und von einem Priester. In der katholischen Kirche muss die apostolische Nachfolge eingehalten und eine Weihe von einem Priester durchgeführt werden. Sie fanden tatsächlich einen Priester, der sich das traute. Trotzdem war für die geweihten Frauen dann alles natürlich sehr schwierig, es gab für sie ja keine offiziellen Gemeinden. Sie scharten daher freie katholische Gemeinden um sich, die natürlich zahlenmäßig sehr klein waren. Ich lernte zufällig eine von ihnen kennen. Das war eine revolutionäre Idee von den Frauen, vielleicht fragwürdig, jedenfalls diskussionswürdig, ihr Anliegen, Priesterin zu werden.

MF: Welche Ängste treiben eigentlich die Männer in der katholischen Kirche dazu, Frauen derart auszuschließen und abzuwerten? Was steckt dahinter?

IR: Ich bin der Meinung, dass dies kein individuelles Problem einzelner Männer ist, die Ursachen liegen in den gewachsenen Kirchenstrukturen, vor allem im Zölibat. Dieses war in den ersten Jahrhunderten der christlichen Kirche nicht üblich. Einige der Apostel waren verheiratet. Und dann änderte sich das, weil man ohne Frau und Familie die Männer enger an die Kirche binden konnte. Die Ideologie dahinter besagte, dass ein Mann ohne familiäre Bindung frei und dadurch umfassend einsetzbar ist.

Ich selbst bin in gewisser Weise ein Beispiel dafür, dass man ohne Familie beruflich manches realisieren kann, was mit Familie schwierig wäre. Aber es darf einfach nicht verpflichtend sein. Nirgendwo in der Bibel ist das Zölibat gefordert. In der jüdischen Religion schon gar nicht. Ein Rabbi muss sogar verheiratet sein. In der evangelischen Kirche hat sich die Pfarrersehe durch Luther eingebürgert. Der ehemalige Augustinermönch und schriftkundige Gelehrte vertrat die Auffassung, dass man zwar ein zölibatäres Leben führen könne, dies aber in der Bibel nicht vorgeschrieben sei. In der Bibel steht dagegen, es sei nicht gut, dass der Mensch alleine sei. Nach Luther ist es recht, dass alle, die der Reformation folgen, als Pfarrer heiraten dürfen und es sogar sollen. Aber es ist in der evangelischen Kirche nicht verpflichtend, dass Pfarrer verheiratet sein müssen, nur das Zölibat, das kennen wir nicht mehr.

MF: Was ist Ihrer Meinung nach das grundlegende Problem mit dem Zölibat?

IR: Ich kenne viele Priester, die ihr Amt wirklich aus Herzensüberzeugung ausfüllen und in jeder Hinsicht rechte Menschen sind.

Wenn aber ein Priester eine Liebesbeziehung eingeht, kommt er in einen Gewissenskonflikt. Obwohl es die Gemeinden oft sogar mittragen würden. Das ganze Thema ist einfach sehr aufgeladen. So tun viele in aller Stille, was es sie drängt zu tun. Andere wiederum versuchen es nicht zu tun, indem sie wesentliche Kräfte unterdrücken. Das Problem ist, dass Priester zu Nachfolgern von Jesus in dem Sinne hochstilisiert wurden, als müssten sie männlichen Geschlechts und zölibatär sein. Eigentlich liegt darin ein Widerspruch, denn es gibt Quellen, die darauf hinweisen, dass Jesus selbst gar nicht zölibatär, sondern allenfalls ehelos lebte. Es liegen in den außerbiblischen Evangelien Quellen dafür vor, dass er wahrscheinlich mit Maria Magdalena eine Beziehung hatte. Ich habe mehrere ökumenisch besetzte Tagungen zu diesem Thema veranstaltet und eine Referentin dazu eingeladen, die ihre Dissertation darüber geschrieben hatte. Die Jünger sprechen in manchen dieser Evangelien von Maria Magdalena als seiner „Gefährtin", ein Ausdruck, der Begleiterin, Freundin, aber auch Ehefrau bezeichnen kann. Der Mann Jesus war kaum dreißig Jahre alt. Bei dem Wanderleben, das er führte, war natürlich nicht an eine Familiengründung zu denken. Aber dass eine Frau an seiner Seite war, halte ich für normal und selbstverständlich. Und wenn er Rabbi war, sollte er verheiratet oder doch auf dem Weg zu einer Ehe sein. Ich denke, das war er auch. In der Kirche der Reformation wird das Amt des Pfarrers nicht mehr so unglaublich überhöht, dass dieser Jesus bis ins Geschlecht und in die Gestaltung seiner Sexualität hinein gleichen müsse. Das Zölibat ist kein Erbe der biblischen Tradition, sondern einer spätantiken Gnosis, in der die seelisch-geistige Seite des Menschen auf Kosten der leiblichen überbewertet wurde.

DAS WEIBLICHE GOTTESBILD – FEMINISMUS UND THEOLOGIE

MF: Das führt uns auch noch einmal zu dem Thema Frauen hin, das damals an vielen Orten gleichzeitig aufbrach und überall auf der Tagesordnung stand. Damit haben Sie sich ja auch eingehend beschäftigt.

IR: Tatsächlich! Für mich war das Aufkommen der feministischen Bewegung ein großes Geschenk der jüngeren Generation an mich – das möchte ich ausdrücklich betonen. Doch auch schon vorher, beispielsweise während des Theologiestudiums, spürte ich, dass bezüglich der Stellung von Frauen in der Kirche wie in der ganzen Gesellschaft einiges im Argen liegt. Immer wieder wurde ich damit konfrontiert, dass Frauen im Abseits stehen. Das ärgerte mich natürlich und ich entwickelte Widerstand dagegen. Doch ohne die Frauenbewegung wäre es noch lange dabei geblieben, ganz von alleine wäre ich gewiss nicht ähnlich tief in die Frauengeschichte vorgedrungen.

Dabei hatte ich nicht einzelne große Vorbilder, denen ich folgte, sondern ich tat mich auch hier mit anderen Frauen zusammen, die diesen Weg beschritten. In diesem Zusammenhang bedeutete mir Dorothee Sölle sehr viel, auch wenn wir nicht in allen Einzelfragen gleicher Meinung waren.

Ich war mit ihr befreundet, sie war eine wunderbar mutige Frau. Auch Luise Schottroff gehört zu den Frauen, die mir hier viel erschlossen. Als Hochschullehrerin erforschte sie mit Akribie und unermüdlicher Geduld die Spuren der Frauen im Neuen Testament, auch in der hebräischen Bibel, vor allem deren Geschichte und Lebensumstände. Auch katholische Theologinnen wie Catherina Halkes oder Maria Kassel arbeiteten engagiert an diesen Themen, Letztere auch im Blick auf ein symbolisch-tiefenpsychologisches Verständnis der Bibel.

Doch nicht nur innerhalb der Theologie beschäftigte mich die Frauenfrage.

Es kamen all die sozialpolitischen und gesellschaftlichen Themen hinzu, die sich diesbezüglich stellten.

Vor diesem Hintergrund aber wurde auch die Erforschung der frühen Kulturgeschichte auf einmal wichtig, denn sie zeigte, dass die Frau historisch gesehen nicht immer im Hintergrund gestanden hatte.

MF: Dabei ging es unter anderem auch um ein weibliches Gottesbild?

IR: Natürlich. In diesem Zusammenhang war für mich die Jung'sche Theorie der Archetypen wertvoll. Unter „Archetypen" versteht Jung universell vorhandene Urbilder in der Seele eines jeden Menschen, anthropologische Konstanten gleichsam des Erlebens, des Abbildens und des Verhaltens. C. G. Jung würdigte in diesem Zusammenhang auch die frühen Religionen mit deren weiblichen Gottesbildern, die beispielsweise als „Die Große Göttin" oder „Die Große Mutter" als Urbilder des Mutter-Archetypus auftauchen. Er ging davon aus, dass alle diese frühen Ausprägungen der Kultur dem „kulturellen Gedächtnis der Menschheit" eingeprägt seien und gleichsam im kulturellen Unbewussten der Menschheit bewahrt würden, so dass sie als Anteil unserer größeren Seelengeschichte auch im Einzelnen hier und heute wiedererweckbar seien. So kann plötzlich in einem Traum eines heutigen Menschen eine numinose Gestalt erscheinen, die man eigentlich nur mit einer griechischen oder mit einer ägyptischen Göttin vergleichen kann und die in diesem Traum eines Menschen von heute wiedererwacht, wieder da ist.

Hinter dieser Vorstellung steht Jungs Konzept von einem kulturellen Unbewussten beziehungsweise überhaupt einem kollektiven Unbewussten der Menschheit, an dem jeder einzelne Mensch bis hier und heute Anteil hat und zu dem er Zugang gewinnen kann. Es beruht auf unseren biologischen Strukturen, die bis in das Tierreich zurückreichen. Es gibt also universelle Bilder, die uns durch unsere Teilhabe am kollektiven Unbewussten mittels unserer Träume und durch Imagination auch in unserem heutigen Bewusstsein erreichen können. Ich meine aber, dass sie uns auch durch eine bestimmte Form der Kulturgeschichte erreichen können, über die Bilder des Mythos, der Literatur und der bildenden Kunst. Sie begegnen uns auch auf Reisen, die uns in Kontakt mit diesen Spuren früherer Kulturen bringen, wie jene Ägyptens, Mesopotamiens, Mexikos. Der Mensch ist also ein Wesen, das einerseits eine individuelle Seele hat, andererseits aber auch an der großen Seele der Menschheit teilhat. Die Ansicht von C. G. Jung zog mich sehr an und hat mir dann auch in Verbindung mit der feministischen Bewegung neue Perspektiven erschlossen.

MF: Was bewirkte Ihrer Meinung nach die feministische Bewegung dieser Zeit?

IR: Sie hat etwas bewirkt. Sie hat den Frauen, jedenfalls der Mehrheit der Frauen, zweifellos ein neues Selbstbewusstsein und eine stärkere Rolle in Gesellschaft und Politik gegeben. Wenn ich nur die sechzig Jahre zwischen meinem Abitur, meiner Berufswahl und heute betrachte, so ist tatsächlich viel geschehen, wenn auch längst noch nicht alles, was wünschenswert wäre. Aber im Blick auf die Stellung der Frauen in allen gesellschaftlichen Bereichen, und gewiss auch in der Kirche, kann man viele Veränderungen feststellen.

Die feministische Bewegung hatte zwei Flügel. Einen sehr stark politisch-emanzipatorisch gesellschaftlich orientierten. Hier ging es vor allem um eine neue Rolle der Frau in der Gesellschaft. Diesen Bezug braucht es auch heute noch dringend, denn hier ist weiß Gott noch sehr viel zu tun. Das betrifft auch das Thema

Partnerschaft, denn die neuen Lebensmodelle von gleichrangiger Beziehung, die sich im persönlichen Leben herausgebildet haben, müssen auch auf der politischen Ebene anerkannt werden. Bei dem anderen Flügel stand die persönliche Identität als Frau im Mittelpunkt, hier setzte also die Frauenfrage am Persönlichen an. Hier ging es auch darum, sich historische Quellen zu erschließen, die ein alternatives Frauenbild vermitteln und begründen. Das war immens wichtig, um als Frau eine neue Würde zu entwickeln und aus ihr heraus auch vieles im persönlichen Lebensstil zu verändern.

Seit damals hat sich hier viel getan, auch wenn die jungen Frauen heute in dieser Hinsicht nicht mehr so aktiv sind. Sie können es sich aber leisten, denn sie stehen auf den Schultern von Frauen, die vor ihnen Veränderungen bewirkten. So wie auch wir damals. Ich weiß noch, wie wir uns zuerst über die englischen Suffragetten der zwanziger Jahre des letzten Jahrhunderts in ihrem betont aggressiven Auftreten noch amüsiert haben. Wir empfanden sie als „verrückte Hühner". Doch später stellten wir fest: Sie waren die Mütter der heutigen feministischen Bewegung und haben einiges bewirkt. Sie setzten beispielsweise das Frauenstudium durch, was ja bis dahin gar nicht möglich war. Als mir das bewusst wurde, empfand ich diesen Frauen gegenüber großen Respekt. Und wenn sie sich manchmal etwas einseitig und übertrieben verhielten, dann musste es wohl so sein, sonst wären sie gar nicht durchgedrungen mit ihrem Anliegen.

Ich habe zu dem Thema einige Tagungen in der Akademie durchgeführt und diese großen Fragen dann vor allem in den neuen Beruf als Psychotherapeutin mitgenommen und damit auch zu all den Frauen, die mit solchen Problemen ihrer Identität und ihrer Beziehungen beladen in meine therapeutische Praxis kamen.

DAS SCHREIBEN GEHÖRTE VON ANFANG AN DAZU ...

MF: Ein Thema, das wir noch nicht berührt haben, ist Ihre literarische und publizistische Tätigkeit, das Schreiben. Ich habe gelesen, dass Sie schon als Kind kleine Geschichten verfasst haben. Wann begannen Sie Bücher zu schreiben?

IR: Bücher in Gestalt von Sach- und Fachbüchern begann ich erst in meinen fünfziger Jahren zu schreiben, denn ich meinte erst dann, einiges weitergeben zu können. Vor allem aus dem psychotherapeutischen Bereich, Praxiserfahrungen, methodische Hinweise, eine tiefenpsychologische Perspektive für das Menschenbild, für die Vorstellungen von Gesundheit und Krankheit, zur Symbolik der Träume, zur Imagination, zu den überlieferten symbolischen Stoffen wie der Märchen, der Mythen, der Bilder.

Meine erste Geschichte aber war entstanden, als ich etwa elf oder zwölf Jahre alt war. Ich schrieb während der Wintermonate, in denen wir nicht im Freien sein konnten, für meine kleine Gruppe von etwa gleichaltrigen Freunden und Freundinnen einen Fortsetzungsroman, aus dem ich wöchentlich die neuen Folgen vorlas. Der Roman spielte ausgerechnet im Weltraum. Die Idee, ins All reisen zu können, wo bis dahin noch niemand gewesen war, faszinierte mich, ich hatte wohl schon durch Jules Verne davon gehört und gelesen. Aber zu der damaligen Zeit war in der Realität noch niemand im Weltraum gewesen. Gerade deshalb war es so spannend, sich auszuphantasieren, was dort wohl zu erfahren wäre. Gedichte dagegen schrieb ich in den Zeiten erster Liebe. Und ich schreibe wieder Gedichte im Alter, brauche vielleicht die „Narrenfreiheit" des Alters, um erstmals welche zu veröffentlichen.

Mit dem richtigen Bücherschreiben begann ich, wie gesagt, erst so etwa ab fünfzig, als die therapeutische Praxis gut ins Laufen gekommen war. Erst von da an hatte ich das Gefühl, dass ich eventuell etwas zu sagen hatte. Zunächst begann ich, die Manuskripte zu vielen Themen, über die ich so oft referiert hatte, zu einem Buch zusammenzufassen. Schon bald danach folgten ein Buch über Märchen und ihre Deutung und das Buch über Farben und ihre Bedeutung. Zu diesem Thema hatte ich bereits Vorlesungen an der Gesamthochschule in Kassel gehalten, ich hatte dort ja auch noch während meiner hauptberuflichen Tätigkeit an der Akademie einen Lehrauftrag. Dadurch blieb ich immer in Kontakt mit Studenten, die dann auch zu Veranstaltungen in die Akademie kamen.

MF: Sie haben in der psychologischen Deutung von Farben Pionierarbeit geleistet, Ihr Buch dazu gehört noch heute zu den Standardwerken zu diesem Thema.

IR: Das ist ein sehr interessantes Thema. Es war im Grunde schon ein Schwerpunkt in meiner theologischen Doktorarbeit gewesen, die das religiöse Bild behandelte. Es ging mir schon damals nicht nur um die Inhalte. Es ging mir darum, wie das Bild gemacht ist, beispielsweise wie die Farbwerte gesetzt werden und worauf seine Wirkung beruht. Das ist die Fragestellung, unter der man auch die abstrakten Kompositionen der Moderne existentiell und symbolisch interpretieren kann. Es gab schon im Mittelalter eine Farbtheologie und ich verglich diese mit der heutigen Farbpsychologie: In der Verbindung beider erschließt sich der Symbolwert der Farben.

Weitere Aspekte waren die Symbolik der Grundformen der Gestaltung wie des Kreises, des Kreuzes, des Dreiecks oder Quadrats. Ich versuchte letztlich mit meiner Doktorarbeit eine neue Würdigung des Bildes innerhalb der evangelischen Kirche anzuregen, da bekanntlich zur Reformationszeit viele Bilder aus dem Kirchenraum verbannt worden waren. Das hatte damit zu tun, dass damals den religiösen Bildern vor den Altären vielfach eine so starke Verehrung entgegengebracht wurde, dass sie – nach Ansicht der Reformatoren – an „Götzendienst" grenzte. Das ist heute kein Problem mehr, das die Kirche spaltet. Meine Arbeit nannte ich „Das wort-haltige Bild" und meinte damit, dass ein Bild wirklich spricht, durch die Sprache der Farben und Formen und dass es damit Wortverkündigung in anderer Gestalt sein kann. Gerade weil ich im Hinblick auf Bildinterpretationen Autodidaktin bin und kein Kunststudium absolviert habe, beschäftigte ich mich intensiv mit Paul Klees Studien aus der Bauhaus-Zeit. Er hatte Forschungen über formale Gestaltungsaspekte in der Kunst betrieben und darüber Lehrveranstaltungen gehalten. Ich bezog damals auch die moderne religiöse Kunst mit ein, indem ich zum Beispiel den abstrakt gestalteten Passionszyklus von Menassier interpretierte.

MF: Später kam dann noch ein wichtiger Aspekt dazu, die Bedeutung der Farben in der Psychologie …

IR: Das stimmt. Nach meiner Ausbildung zur Psychotherapeutin verband ich natürlich die Resultate meiner früheren Bilderforschung mit den tiefenpsychologischen Erkenntnissen und bestritt damit Vorträge und Vorlesungen an den C. G. Jung-Instituten in Zürich und in Stuttgart, auch an der Gesamthochschule Kassel. Es bot sich einfach an, diese schließlich auch in einem Buch zu veröffentlichen.

Ich hatte das Glück, dass Hildegunde Wöller, die geniale Lektorin für Theologie und Psychologie im damals noch jungen Kreuz Verlag in Stuttgart den Spürsinn und die Überzeugung hatte, dass in der damals üblichen evangelischen Theologie und der entsprechenden Literatur ganze Themenbereiche fehlten. Damit hatte ich das große Los gezogen. Sie konzipierte eine ganze Buchreihe über „Symbole", worin die Themen, über die ich geschrieben hatte, auch die ersten Bücher von Verena Kast und einem ganzen Kreis von Tiefenpsychologen erschienen.

Später kamen die Lehrbücher einer speziellen Jung'schen Kunsttherapie hinzu, „Maltherapie" und „Malen in Gruppen", die ich zusammen mit der befreundeten Kollegin Christa Henzler entwickelte und schrieb.

Einer Entdeckung gleich, auch für meine eigene Spiritualität, kam für mich die einzigartige imaginative Schau der Schöpfung bei Hildegard von Bingen. Auch hierfür hatte Hildegunde Wöller warmes Interesse und veröffentlichte das Buch samt den visionären Bildern (die in einer alten Handschrift überliefert sind) in einer besonders schön gestalteten Erstausgabe. Auch im Herder Verlag in Freiburg konnte ich durch die inspirierende Zusammenarbeit mit der Lektorin Karin Walter eine ganze Reihe von Büchern veröffentlichen. Ihrer Anregung verdanke ich meine Vertiefung in die Problematik der Wechseljahre, die zu dem vielgelesenen Buch über „Die gewandelte Frau. Vom Geheimnis der zweiten Lebenshälfte" führte; später folgte die ausführliche Studie über „Träume als Wegweiser in neue Lebensphasen". Mein Interesse an der „Lifespan-Theory" war seither geweckt, auch über ihre Bedeutung im Blick auf Träume hinaus. Einer Anregung Karin Walters folgend, entstand auch die kleine Studie über „Paul Klees Engelbilder", die sich als dessen ungewöhnlich schöpferische Verarbeitung seiner Krise am Lebensende erwiesen. In meinen Siebzigern schrieb ich das Buch über „Die innere Freiheit des Alterns" und zuletzt eine Auslegung des „Hohen Liedes". Beide betreute im Patmos Verlag, dem ja auch Sie angehört hatten, Frau Fischer, die jetzige Lektorin Christiane Neuen.

MF: Kann man sagen, dass das Bücherschreiben ein sehr wichtiger Schritt für Ihre Selbstverwirklichung war?

IR: Ich denke schon. Das Schreiben gehörte von Anfang an dazu, ich mag es einfach, zu schreiben. Während der Zeit an der Akademie und dann der Ausbildung am C.G. Jung-Institut in Zürich hatte ich natürlich auch schon Aufsätze und kleinere Artikel verfasst und veröffentlicht. Aber die Zeit, ein ganzes Buch zu schreiben, die war damals buchstäblich noch nicht vorhanden.

Ich sehe heute auch noch einen weiteren Grund dafür, dass ich damals noch nichts Größeres veröffentlichte: Die Themen, zu denen ich in der Akademie Veranstaltungen organisierte, waren in der damaligen Zeit teilweise noch sehr umstritten und wurden sehr kontrovers diskutiert. Ich verstand es auch als meine Aufgabe als Studienleiterin, kontroverse Diskussionen zu „riskanten" Themen zu ermöglichen. Darin sah ich gerade das Potential und die geistige Spannkraft einer Evangelischen Akademie. Doch war ich gewitzt genug, potentielle Kritiker in der Öffentlichkeit nicht mit der Nase auf die Risiken solcher Diskussionen zu stoßen, indem ich selbst auch noch Grundsatzbücher zu diesen Themen schrieb. Als Tagungs- und Gesprächsleiterin musste ich, wie ich meinte, eine gewisse Neutralität wahren. Es kann ja gerade eine Tagung, bei der verschiedene Ansichten kontrovers diskutiert werden, sehr wirkungsvoll sein. Ich bot also der Generation der wilden 68er immer wieder einen Raum für ihre oft heftigen Diskussionen. Hofgeismar war für sie wie eine geistige Heimat, in der sie einfach alles aussprechen und denken durften, was sie wirklich bewegte. Das bereitete mir wie auch ihnen sehr viel Freude. Manchmal gab es doch Konflikte, wenn irgendjemand sich über die in den Diskussionen geäußerten Ansichten aufregte und diese der Kirchenleitung vortrug. Dafür musste ich dann einstehen – so wie man eben für seine Familie einsteht.

WEGE, MÜTTERLICHKEIT ZU LEBEN

MF: Das hat auch etwas Mütterliches, oder?

IR: Ja, das hat es tatsächlich. Mütterlichkeit ist ein bedeutsames Thema für uns Frauen. Ab vierzig ist es sehr wichtig, einen wirklichen Kontakt zum Mütterlichen zu finden, ganz egal, ob man selber Kinder hat oder nicht. Auch in Vorbereitung auf die Wechseljahre halte ich dies für wichtig, gerade wenn man aus biologischen Gründen nicht mehr Mutter werden kann.

In jüngeren Jahren ziert man sich oft noch, wenn jemand die Mutter in einem anspricht. Man empfindet es nur einfach als äußerst betulich. Um die eigene Mütterlichkeit entwickeln zu können, muss man die Ablösung von der eigenen Mutter in einer guten Weise vollzogen haben. Es bedeutet auch, das Mütterliche als einen wichtigen Wert zu sehen und wirklich zu würdigen, was die eigene Mutter geleistet und eingebracht hat – ob sie es nun in optimaler Weise geben konnte oder auch eher nicht. Sie hat mich geboren, aufgezogen, auch mit all meinen eigenen Ecken und Kanten. Von diesem Punkt aus ist es dann möglich, einen inneren Kontakt zum Mütterlichen zu finden. Ich habe zu diesem Thema einige sehr schöne Träume von ganz unterschiedlichen Menschen erzählt bekommen und auch in einem Buch veröffentlicht. Auch mich begann das Thema Mütterlichkeit irgendwann zu beschäftigen und schließlich immer mehr anzuziehen. Als ich mich selbst dann in diesem Übergang über die Fünfziger-Schwelle in die Sechziger hinein befand, an dem man doch oft auch ein bisschen trauert, dass man keine eigenen Kinder hat, da konnte ich ein sehr bewusstes Ja sagen zur Qualität des Mütterlichen als solche. Auch in Bezug auf eine gleichsam überpersönliche Mütterlichkeit, wie sie im psychotherapeutischen Beruf gebraucht wird, ist das eine ganz wichtige Sache.

MR: Wie äußert sich denn die Mütterlichkeit im therapeutischen Prozess?

IR: Es ist unglaublich wichtig, richtig und sehr achtsam damit umzugehen. Auf keinen Fall überbehütend wie eine Glucke. Es geht darum, für die Patienten und Patientinnen eine Atmosphäre großer Aufmerksamkeit und Verlässlichkeit, von akzeptierender Wärme zu schaffen und damit im therapeutischen Prozess mehr die annehmenden als die fordernden Aspekte der Mütterlichkeit in den Vordergrund zu stellen. Wobei auch eine gesunde Herausforderung zum Mütterlichen gehören kann.

MF: Mütterlichkeit zu entwickeln, egal, ob man eigene Kinder hat oder nicht, ist also eine wichtige Entwicklungsaufgabe?

IR: Unbedingt. Man entdeckt als Frau vor allem, dass die eigene Person ganz wird, wenn man Zugang zur eigenen Mütterlichkeit findet. Auch die Entwicklung zur gereiften, zur „gestandenen Frau" erfordert dies, sonst wäre mir anzumerken, dass ich – um es bildlich auszudrücken – irgendwie hinke, dass mir etwas Entscheidendes fehlt. Dann würde der Mangel, vielleicht Kummer, keine eigenen Kinder zu haben, übermächtig. Dabei gibt es viele andere Formen, Mütterlichkeit zu leben.

MF: Es gibt ja viele Frauen, die sehr trauern, wenn sie keine Kinder haben …

IR: … und dann in Versuchung geraten, sich selbst zu entwerten, ja in Verbitterung geraten …

MF: … oder auch die Reproduktionsmedizin in Anspruch nehmen.

IR: Was in so manchen Fällen eben auch nicht erfolgreich ist. Dabei konnte ich auch Frauen über diese Trauer hinweghelfen – die ich selbst ja auch bewältigen musste –, indem ich ihnen andere Möglichkeiten, Mütterlichkeit zu leben, nahebrachte. Es waren einerseits verheiratete Frauen, die einfach nicht fruchtbar waren, oder auch andere, die aus beruflichen Gründen eine Lebensform ohne Kinder gewählt hatten. Gerade in meiner Generation war ein „Entweder-oder" bezüglich Beruf und Familie doch noch sehr stark. Das damalige Frauen- und Familienbild war so geprägt, dass für eine Frau, die ihrer Familie gerecht werden wollte, eine volle Berufstätigkeit fast nicht möglich war. Meine beiden Schwestern mit ihrer akademischen Ausbildung heirateten beide aus echter Liebe zu ihren Männern und bekamen auch beide jeweils drei Kinder. Später, nach der Familienzeit, stiegen sie nochmals ins Berufsleben ein, als Lehrerinnen am Gymnasium. Aber in der Zeit, als sie die drei Kinder großzogen, blieben sie zu Hause. Wobei ich sagen muss, dass sie es, wie ich sie erlebte, wirklich gerne so machten und dass sie auch begeisterte Familienfrauen waren.

MF: Gibt es für Frauen mit Kindern ab vierzig bezüglich der Mütterlichkeit auch Veränderungen?

IR: Die Art und Weise, wie sie ihre Mütterlichkeit leben, wird sich verändern. Es ist die Zeit, in der sie beginnen müssen, ihre Kinder loszulassen. Denn zur Mütterlichkeit – wie übrigens auch zum Therapeutenberuf – gehört unbedingt die innere Kraft, jemanden auf den eigenen Weg zu bringen und dann zurückzutreten. Das ist für mich eine ganz wichtige mütterliche Qualität. Zurückzutreten und zugleich sich klarzumachen, dass die Zuneigung und Liebe Bestand haben, und jederzeit die Tür offenzuhalten. Es ist keine Kleinigkeit, sich das wirklich vorzunehmen und es wirklich durchzustehen! Vor allem dann nicht, wenn jemand zu einem Zeitpunkt gehen will, den man selbst als zu früh empfindet. So geht es den meisten Eltern, wenn auch immer einige unter ihnen sind, die ihre Kinder vorzeitig hinauswerfen … Das ist ein ganz großes psychologisches Thema.

II.

DIE GROSSEN PHASEN DES LEBENS

DIE JAHRE AB FÜNFZIG

MF: Nachdem Sie sich mit Ihrer Praxis in Konstanz etabliert und mit dem Schreiben von Büchern begonnen hatten: Wie ging es weiter in den Lebensjahren ab fünfzig? Welche Bedeutung hatte diese Lebensphase für Sie?

IR: In dieser Phase kam in mir stark das Bedürfnis auf, von all dem, was ich vorher gesät hatte, nun auch ernten zu können, zumindest mit der Ernte beginnen zu können. Nachdem ich keine Tagungen mehr organisieren und nicht mehr ständig einsatzbereit für Allzuviele sein musste, blieb mir doch mehr Zeit und auch Ruhe zum Schreiben. In der Zeit, in der ich in der Öffentlichkeit stand und viele Impulse aus Kunst und Kultur erhalten hatte, konnte ich, wie schon gesagt, zwar vieles an Erfahrung sammeln und Ideen entwickeln, die ich aber damals noch nicht zu Papier bringen wollte und konnte. Als Erstes entstand, wie gesagt, das Buch über die Wirkung von Farben. Ich beschäftigte mich damals auch, wie auch schon angesprochen, intensiv mit Marc Chagall und schrieb meine Diplomarbeit am C. G. Jung-Institut in Zürich über seine Komposition im Chorfenster des Züricher Klosters Fraumünster. In der Mitte ist ein grüner Christus dargestellt, was in der christlichen Kunst völlig unüblich ist. Als Werk des ostjüdischen Künstlers Chagall ist es auch nicht einfach „christliche Kunst", obwohl Chagall sehr von der ostkirchlichen Ikonenmalerei beeinflusst war. Eigentlich ist es eine aus dem Geist der Bibel geschöpfte Kunst. Dieses Werk von Chagall faszinierte mich, da es die Natur ungleich stärker als alle vergleichbaren Werke seiner Zeit wieder als Schöpfung verstand und die Christusgestalt mitten in ihr verankerte und das Kreuz nicht als Marterinstrument, sondern wie einen lebendigen Baum in ihr aufrichtete. Meiner Meinung nach liegt ein Grund für die heutige starke Zerstörung der Natur auch darin, dass sich das Christentum in seiner langen Geschichte weit von der Natur entfernt hatte und ihr sogar teilweise feindlich gegenüberstand. Das zeigt sich ja auch darin, dass das Christentum lange keinen unbefangenen Umgang mit dem menschlichen Körper und der Sexualität entwickelt hatte – im Gegenteil. Vom Gefühl her hatte ich den Eindruck, dass Chagall, der im Ostjudentum aufgewachsen war, unberührt war von der gestörten Beziehung des Christentums zur Natur und daher deren Urkraft ganz intuitiv in seine spirituelle Schau integrierte. Ich setzte mich intensiv mit den kulturellen und symbolischen Dimensionen der Natur auseinander, auch mit dem Spannungsverhältnis zwischen Christentum und der Natur sowie ihrer möglichen erneuten Integration im Geiste Chagalls. Meine Arbeit dazu wurde unter dem Titel „Marc Chagalls grüner Christus" veröffentlicht und dies im Walter-Verlag, damals noch in Zürich, wo auch meine Studien zu Märchen wie „Tabu im Märchen" oder „Die weise Frau in Mythen und Märchen" erschienen sind.

DIE NATUR UND DAS SCHÖPFERISCHE

MF: Sie haben sich auf der intellektuellen und geistigen Ebene intensiv mit der Natur auseinandergesetzt. Hat diese auch auf anderen Ebenen für Sie persönlich Bedeutung, etwa als Ort der Erholung?

IR: Ich hatte immer eine gute Verbindung zur Natur. In unserer Familie war es üblich, möglichst viel „draußen" zu sein, zu wandern oder Ski zu fahren. Meine Mutter war zudem eine begeisterte Gärtnerin. Mich verband immer schon eine stille und selbstverständliche Liebe zur Natur. Ich liebe vor allem das Wasser, die Seen und das Meer. Beim Schwimmen konnte ich mich wunderbar erholen. Aber ich war nicht nur in der Freizeit viel in der Natur unterwegs. Ab den 1980er-Jahren entwickelte sich dann auch in mir eine Sensibilität für die Bedrohung der Natur, es drangen ja viele Nachrichten und erschrockene Erkenntnisse immer mehr in die Öffentlichkeit.

Ich begann, die beklemmenden Zusammenhänge und Wechselwirkungen genauer zu beobachten, und engagierte mich in dem mir möglichen Rahmen für die Natur. Dabei stieß ich auch auf alte Traditionen, die mit einem weiblichen Schöpfungsmythos und den frühen, vom Weiblichen her geprägten Kulturen verbunden waren – das interessierte mich sehr! Um mehr darüber zu erfahren, reise ich mit Gleichgesinnten, auch mit Studien-Gruppen, in ganz Europa zu den Orten der alten Kulturen. So folgte ich unter anderem in Irland, in der Bretagne und auf Malta den Spuren vorchristlicher Religionen, in denen die Natur noch als heilig angesehen und durch Göttinnen- und Göttergestalten verkörpert wurde.

MF: Fanden die neuen Erkenntnisse auch Eingang in Ihre psychotherapeutische Arbeit?

IR: Für mich fügte sich all das sehr gut zusammen. Auch für die Heilung eines Menschen ist wesentlich, dass er zu der Natur um ihn, die ihn trägt und umfasst, und vor allem auch zu der Natur in ihm selbst, zur Natur seines Körpers und seiner Psyche, wieder einen unbefangenen, unbelasteten, freudigen und lustbetonten Zugang findet. Ich lernte in den 1970er- und 1980er-Jahren Körpertherapien in Kursen und in Selbsterfahrung kennen, insbesondere die Atemtherapie nach Middendorf, die Eutonie, die Feldenkrais-Methode – und wie sie alle heißen – und erkannte ihre Wichtigkeit für ein ganzheitliches Heilen. Seither arbeitete ich gerne und auf vielen Ebenen mit Körpertherapeutinnen zusammen, glaube aber, dass man in diesen subtilen Disziplinen eine eigene Ausbildung braucht und sie nicht unbedarft und unreflektiert mit einer tiefenpsychologisch-analytisch orientierten Therapieform vermischen kann. Die Wahrnehmung des Körpers, seiner Befindlichkeit und seines Ausdrucks erscheint mir auch in primär verbalen Therapieformen unerlässlich zu sein.

In meine eigene therapeutische Arbeit integrierte ich vor allem kreative, schöpferische Elemente wie Malen und Gestalten, die auf ihre Art ebenfalls den ganzen Körper mit allen seinen Sinnen einbeziehen. Obwohl ich keine speziell ausgebildete Kunsttherapeutin war, gefiel mir schon immer der kreative Aspekt der Jung'schen Psychologie. Übrigens malte Jung selbst gerne und auch gut. Mithilfe des kreativen Ausdrucks durch das Malen verfolgte er eigene innere Prozesse, was ihm half, durch Krisen hindurchzugehen. Das sogenannte Rote Buch, das auf seinen Wunsch hin wegen sehr persönlicher Inhalte zunächst zu Jungs Lebzeiten nicht veröffentlicht wurde und erst vor einigen Jahren erschien, ist dafür ein Zeugnis. Darin hielt er über viele Jahre hin seine Träume, seine aktiven Imaginationen und Phantasien in Texten und selbstgemalten Bildern fest. Ich baute diese therapeutische Richtung aus, so dass sie ein Schwerpunkt meiner Arbeit wurde. Das Malen und Gestalten war für mich eine außerordentlich schöne und wirksame Form therapeutischen Arbeitens, die auch spielerische Elemente integriert. Der kreative Ausdruck holt die Therapie aus dem reinen Problematisieren und dem manchmal recht quälenden Nachverfolgen von traumatisierenden Momenten der Lebensgeschichte heraus und ermöglicht einen Aufbruch ins Schöpferische, in einen schöpferisch neuen Umgang, auch mit traumatisch besetzten Erfahrungen. Das erlaubt einem Menschen, die eigene schöpferische Kraft zu erleben. In der Therapie kann man selbstverständlich auch durch Schreiben oder durch Musik einen schöpferisch neuen Umgang mit Belastendem erreichen und völlig neue Wege zu sich selber finden. Mein Weg war jedoch vor allem der des Malens und Gestaltens.

MF: Warum ist das Schöpferische in der Therapie ein so wichtiges Mittel?

IR: Es ist so bedeutsam, weil es aus dem bloßen Ausgraben der Vergangenheit herausführt. Es kommt einem grundlegenden menschlichen Bedürfnis entgegen, denn jeder Mensch möchte Neues entdecken und dabei sich selbst weitreichend verwirklichen. Selbst wenn dabei auch finstere Bilder entstehen, ermöglicht das Schöpferische, sich im Therapieprozess als Gestalter und nicht nur als Opfer zu sehen. Das ist mir sehr wichtig.

Auch wenn zunächst nur dunkle Bilder der eigenen Nöte entstehen, gewinnt man durch den Akt des Gestaltens Distanz zum Erlebten und kann dadurch darüber hinauswachsen. In den dunklen Bildern sind ja meistens auch schon Möglichkeiten enthalten, die nur noch entdeckt werden müssen. Es werden Ressourcen sichtbar, beim nächsten und übernächsten Gestaltungsversuch, und das Potential erkennbar, das weiter verfolgt werden kann. Wenn in einem Bild zum Beispiel nur ein ganz kleines Licht auftaucht oder eine Blume inmitten eines trostlosen Geländes entsteht, kann man sich auf diesen Ansatzpunkt bei der nächsten Sitzung fokussieren und ihn vergrößern. Es eröffnet sich dadurch ein Weg, der weiter beschritten werden kann. Diese Vorgehensweise wurde mir ebenso wichtig wie zum Beispiel die Arbeit mit Träumen, die in der Jung'schen Therapieform grundlegend ist. Dabei faszinierte mich vor allem, die im Unbewussten verborgenen Ressourcen ans Licht zu holen. Genau diese Arbeitsweise gefiel mir an Jungs Therapieansatz. Ich konnte sie noch weiter ausbauen, als man mich am Züricher C. G. Jung-Institut dazu einlud, als Dozentin in der Ausbildung von Psychotherapeuten tätig zu werden. Für mich ergab sich daraus ein rundes Ganzes: In der therapeutischen Praxis arbeitete ich mit Einzelnen oder mit Gruppen und als Dozentin beschäftigte ich mich mit den theoretischen Grundlagen und ihrer Umsetzung in der Praxis, mit den größeren Zusammenhängen, mit Jungs Menschenbild, das das Schöpferische ins Zentrum rückt.

MF: Waren diese größeren Zusammenhänge für Sie in Ihrer beruflichen Laufbahn eine Art Leitthema?

IR: Gewissermaßen ja. Ich interessierte mich bereits als sehr junge Frau für ein Menschenbild, das die großen Zusammenhänge in Kultur und Gesellschaft berücksichtigt, auch wie sie sich in der Religion ausdrücken und widerspiegeln. Durch meine eigene Ausbildung und spätere Lehrtätigkeit am Züricher C. G. Jung-Institut kam die psychologische Perspektive hinzu. Ich bekam dadurch einen ganz neuen Zugang zu vielen Fragestellungen. Vor allem wurde mir klar, dass die persönliche Psyche im engen Zusammenhang mit einer Psyche der gesamten Menschheit steht. Man ist nicht nur eine Eintagsfliege, ein Einzelwesen, sondern Teil eines größeren Ganzen, das einen auch trägt. Das beinhaltet natürlich ebenso die finsteren Seiten der menschlichen Gesellschaft und Politik, an denen man teilhat, dennoch hat man zugleich Zugang zu Kräften, zu Aspekten, die ein Gegengewicht bilden können.

MF: Dieses Thema kommt häufig in Ihren Büchern zur Sprache, etwa wenn Sie schreiben, dass Menschen bei aller Erschütterung zugleich auch getragen sind, wenn sie einen Schicksalsschlag erleben. Können Sie dieses Getragenwerden genauer beschreiben?

IR: Bereits vor einem Schicksalsschlag bringt man im Allgemeinen eine Lebensgeschichte mit, in der auch Tragendes enthalten ist. Wer von uns ist nicht als Kind in die Arme genommen und getragen worden? Das ist das Elementare an dieser Erfahrung. Das kann man voraussetzen, wenn man ein relativ normales Elternhaus hatte, vielleicht auch Geschwister, vielleicht sogar Großeltern, wenn man Freundschafts- und Liebesbeziehung kennt und erlebt hat. Und wer hätte das nicht – in irgendeiner Weise? Es ist wichtig, sich bewusst zu machen, dass es diese Quellen der Kraft im eigenen Leben gibt. Genauso wichtig ist aber das Wissen darum, dass vieles in einem noch größeren Zusammenhang steht, der mich und das große Ganze trägt.

Ich bin jeweils weder alleine an den Geschehnissen schuld, noch muss ich sie alleine aufarbeiten. Ich bin allerdings immer auch beteiligt und kann mich nicht einfach heraushalten. Ein Schicksalswink kann auch nach vorne weisen. Man kann sich wirklich fragen, ob in den Begriffen „Schicksal" und „Schicksalsschlag" nicht auch das Wort „Schickung" enthalten ist, ein mir zugewiesenes Geschick – also eine Aufgabe, wie und woher auch immer sie kommen mag, die mich herausfordert, aber auch trägt – oft über mich hinaus.

Ich kann mir auch die Frage stellen, ob mein Schicksal mit meiner persönlichen Art zusammenhängt und mit dem, was ich suche. Am wichtigsten ist aber, sich angesichts des eigenen Schicksals zu fragen: Was kann ich daraus machen? Wo liegt die Chance? Ein anderer Aspekt ist, dass mir eine schicksalhafte Erfahrung Menschen, die Ähnliches erlebt haben, sehr nahebringen kann. Diese Einstellung ist wichtig, wenn man in einem therapeutischen Beruf steht. Nicht zuletzt kann ein Schicksalsschlag meinen persönlichen Horizont erweitern und die Chance bieten, eine neue Seite in mir zu entdecken. Ich kenne Menschen, die eine große Lebendigkeit ausstrahlen und die sich bei allem, was ihnen zustößt immer als Erstes fragen: „Was bringt mir diese Erfahrung und was kann ich daraus lernen?" Mir geht es darum, für Menschen in der therapeutischen Arbeit, ob als Therapeut oder als Klient, diesen Blickwinkel zu eröffnen. Ich möchte in den Menschen die Neugier darauf wecken, wie sie die Situation überstehen werden. Daraus ergeben sich viele Anregungen. Ich arbeite mit dem Unbewussten und rege Menschen dazu an, auf ihre inneren Bilder zu achten, ob sie nun in Träumen, in Imaginationen oder in schöpferischen Gestaltungen erscheinen. Darin finden sich nicht selten sinnstiftende Symbole, die den weiteren Weg weisen.

MF: Das ist ein zutiefst positiver Ansatz, der ganz auf das Leben gerichtet ist.

IR: Mir geht es um eine nach vorne weisende Therapie, die nicht einfach nur optimistisch ist, sondern vielmehr aus den tieferen Quellen der Psyche schöpft. Diese wiederum sind eingebunden in tragende Kräfte, wie wir sie in der Natur erfahren, wie sie in Religion oder in Philosophie, in Kunst und Kultur überall auf der Welt symbolisiert werden und die über den Einzelnen hinausgehen. Auch die symbolischen Bilder aus Märchen, Mythen und der Literatur, inklusive der Gegenwartsliteratur, gehören natürlich dazu. Mir bedeutete beispielsweise Ingeborg Bachmanns Dichtung in dieser Hinsicht viel, ihre Gedichte und Erzählungen wurden in der Zeit meines Studiums veröffentlicht. Sie brachte eine neue Klangfarbe in die Nachkriegsliteratur. Vor ihr waren in der zeitgenössischen Literatur vor allem der Krieg und seine Folgen beklagt worden und dabei blieb es oft. In vielen Texten von Ingeborg Bachmann gibt es aber bei aller Schwere auch einen neuen Klang, der mutig in die Zukunft weist: Eine „kraftvolle, noble Schicksalsbereitschaft", wie ihr auch die Kritik bestätigte. So etwa die Zeile aus „Böhmen liegt am Meer", die mich stark berührte:

„Zu Grund gerichtet, wach ich ruhig auf.

Von Grund auf weiß ich jetzt, und ich bin unverloren."

Auch Ingeborg Bachmanns Erschütterung über das, was im Krieg und in der NS-Zeit geschehen war, zeigt sich an vielen Stellen ihres Werkes und verbietet ihr und uns, einfach ein optimistisches Menschenbild zu entwickeln. Stattdessen fragte und suchte sie nach den tieferen Kräften, die uns auch zu dem Schweren, zu der mitgegebenen Schuld stehen lassen, die uns helfen, sie mitzutragen und zu überwinden. Mein ganzer Freundeskreis und ich lasen damals alles von Ingeborg Bachmann und auch von Max Frisch. Und wir verfolgten betroffen den Lauf ihrer persönlichen tragischen Beziehung.

MF: Sind Sie der Ansicht, dass Kunst, Literatur und Mythen in das allgemeine Bewusstsein übergehen können?

IR: Unbedingt. Ich berücksichtige im therapeutischen Gespräch auch Dinge und Vorgänge, die über das Bewusstsein kamen und die sich vielleicht im Zusammenspiel mit dem Unbewussten äußern können. Deshalb frage ich meine Klientinnen und Klienten immer wieder auch, was sie gerade lesen oder welche Bilder sie beeindrucken. Der Einfluss von Literatur und Kunst kann sich auch in Träumen zeigen, über die sich das Unbewusste ausdrückt und an die das Unbewusste andockt. Es kann zum Beispiel ein Bild, ein Symbol, das in einem von Ingeborg Bachmanns Gedichten vorkommt, auch im Traum eines Patienten auftauchen. Dann bildet das Gedicht gleichsam den Kontext zum Traum.

Übrigens, heute sehe ich, dass der Einfluss des Werks von Ingeborg Bachmann auf mich doch auch zeitbedingt war. Es hatte seine Hauptwirkung in meinen dreißiger Jahren, als diese Texte neu erschienen und ich sie kennen und lieben lernte. Sie selbst konnte leider nicht altern, was sich auch in ihren Erzählungen wie „Das dreißigste Jahr" und in ihren Romanen wie „Malina" ankündigt. Sie ist relativ früh ums Leben gekommen, bei einem nicht unverschuldeten Unfall.

ALTERSANGST UND WECHSELJAHRE

MF: Das bringt uns zu einer weiteren Lebensphase mit ihren Herausforderungen: dem Alter. Ist die Angst vor dem Altern eigentlich eine Urangst der Menschen?

IR: Sie beginnt bei manchen Frauen bereits mit den Wechseljahren, die bei vielen von ihnen auch recht unangenehme Begleiterscheinungen haben können. Mir selbst haben sie keine großen körperlichen Beschwerden gemacht. Man sollte aber heute wissen, dass etwa ein Drittel der Frauen relativ wenig von den Wechseljahren merkt, das nächste Drittel einige leichtere Beschwerden kennt, während ein weiteres Drittel sich mit sehr starken Beschwerden herumschlagen muss. Diese Frauen leiden stark in physischer und psychischer Hinsicht und finden bei anderen, die nicht davon betroffen sind, oft kein Verständnis. Ich mahne immer wieder an, diese Frauen sehr ernst zu nehmen. Die Wechseljahre sind nämlich in jedem Fall eine wichtige Übergangskrise, die sich auch körperlich äußern kann.

MF: Neuere Studien zeigen, dass Hitzewallungen heute wesentlich länger dauern als in der Vergangenheit. Früher ging man von zwei Jahren aus, heute sprechen Ärzte über einen Zeitraum von sieben Jahren.

IR: Das ist individuell sehr unterschiedlich. In schwereren Fällen behandelt man bei starken Wechseljahresbeschwerden meist mit Hormonpräparaten. Dagegen ist nichts einzuwenden, denn es gibt inzwischen gute Medikamente, die den Zyklus, auch mit seinen Gestagenanteilen, relativ naturgetreu nachbauen. Ich bin der Meinung, dass man auf solche Medikamente nicht zu verzichten braucht, wenn man in einem fordernden Beruf steht und Unterstützung über die Jahre hinweg benötigt. Es macht einfach keinen tieferen Sinn, die Wechseljahre physisch nur zu erleiden. Die Beschwerden dauern heute nicht insgesamt länger, das ist wohl eine Fehlinformation, sie waren schon immer sehr individuell. Für den Fall, dass eine Frau mit ihren Wechseljahren schwer zu kämpfen hat, wäre auch eine therapeutische Begleitung für die dazugehörigen psychischen Prozesse zu erwägen. Die Wechseljahre – bei mir begannen sie wie bei den meisten in den Jahren nach fünfzig – sind eine tiefgreifende Zäsur, die auch starke seelische Veränderungen mit sich bringt. Dabei tauchen Fragen nach der Quelle der seelischen Probleme auf wie auch die nach der Identität als Frau, wenn der Zyklus zu Ende geht. „Bin ich jetzt überhaupt noch eine Frau?" – so fragen sich manche, auch wenn sie es kaum auszusprechen wagen. Bedeutet Frausein nur, „reproduktionsfähig" zu sein, oder gibt es nicht doch noch einiges darüber hinaus? Gehört zur Weiblichkeit neben der physischen nicht auch eine psychische Ausstattung, die ich nun vielleicht sogar ernster nehmen kann als zuvor? Gehört zum Eros, zur sexuellen

Ausstrahlung vielleicht doch noch etwas, das mehr ist als bloße Jugendlichkeit? Doch was wäre das?

Ich finde es zum Beispiel auch sehr interessant, dass mit den Wechseljahren in manchen Frauen das junge Mädchen von einst wieder zum Vorschein kommt und damit einige Verhaltensweisen aus der Zeit vor dem Einsetzen der Periode. Das konfrontiert einen damit, wie und wer man früher einmal war. Es kann auch die „dumme Gans" wieder einmal hervortreten, vor allem aber ist es das mutige und unabhängige Mädchen, das nicht bei jeder Kleinigkeit fragte, was ein Mann dazu sagen würde. Wenn man eine einigermaßen seelisch gesunde Kindheit und Jugend hatte, konnte man einiges ausprobieren, war auch einmal frech, herausfordernd und unangepasst und hatte dabei sein Vergnügen. Genau dieser Trotz, diese Bockigkeit und Unabhängigkeit können mit den Wechseljahren wieder auftauchen.

MF: Welche Einschnitte und Veränderungen gab es bei Ihnen in diesen Jahren?

IR: Die deutlichste Veränderung markierte meinen Berufswechsel, was letztlich auch mit der Suche nach einer erweiterten und vertieften Identität zu tun hatte. Manche Freunde und Bekannte waren über mein Vorhaben, in diesem Alter eine neue berufliche Richtung einzuschlagen, erstaunt und fragten, was mit mir los sei. Die eher politisch Engagierten sagten: „Jetzt läuft die auch noch zu den Psychos über. Hat sie denn kein Interesse und kein Verantwortungsgefühl mehr gegenüber der wirklichen Welt?"

So wie ich damals gegenüber meinem Vater die Theologie durchsetzen musste, so stand ich jetzt vor der Aufgabe, einen Teil meines Freundeskreises von der Psychologie, genauer noch, von der Psychoanalyse zu überzeugen. Das Thema war damals bei vielen noch tabuisiert. Es existierte eine Spaltung zwischen denen, die sich in der Welt engagieren, und denen, die – wie die politisch

Engagierten meinten – eine „Nabelschau" betreiben wollten. Diese Spaltung ging auch durch meinen Freundeskreis. Ich musste aber nicht nur gegenüber meinem Freunden Mut aufbringen, sondern auch in der therapeutischen Arbeit selbst. Sie war für mich – trotz grundsätzlicher Erfahrung in der Beratung von Menschen – gerade im Hinblick auf schwerere psychische Störungen von Menschen eben doch etwas völlig Neues und eine Herausforderung.

MF: Wie gingen Sie dann in Ihrer therapeutischen Arbeit vor?

IR: Natürlich wende ich das heute verfügbare Wissen über das Charakteristische bestimmter Störungsbilder an, die hierfür bewährtesten therapeutischen Zugangsweisen, über die ich zum Beispiel bei den Lindauer Psychotherapiewochen immer das Aktuellste und Bewährteste erfahre. Bei mir persönlich spielt dabei die Intuition eine wichtige Rolle. C. G. Jung unterscheidet ja prinzipiell vier Grundfunktionen, die Intuition, das Denken, das Gefühl und schließlich das Empfinden, worunter er die genaue Wahrnehmung dessen versteht, wie sich das Gegenüber etwa beim Sprechen bewegt oder in welcher Situation es husten oder lachen muss.

Wir alle verfügen über diese Grundfunktionen und machen ständig von ihnen Gebrauch. Bei mir steht aber die Intuition im Vordergrund, gefolgt dann wohl rasch vom Denken, im Sinne einer Vergewisserung, einer Reflexion, warum ich etwas tue und wie ich jeweils weiter handeln soll. Meine Intuition erahnt oft schon etwas vom Wesen des anderen, auch vom Wesen seiner Störung, was ich durch Denken noch gar nicht begründen kann. So erfasse ich in der Therapie intuitiv etwas vom Wesen des Gegenübers und folge dem nach, erschließe es weiter, begründe es immer mehr auch durch Beobachtung und Wahrnehmung. Das führte oft zu guten Ergebnissen.

Doch manche Menschen konnte ich nur durch eine zeitweilige Krise hindurchbegleiten, ohne dass es zu einer grundlegenden

Veränderung zum Beispiel einer depressiven Grundstimmung oder gar einer narzisstischen Störung kam. Wenn eine Störung sehr früh eingetreten oder sehr tiefgreifend ist, kann sie oft nicht mehr völlig überwunden werden, auch ist sie oft schon chronifiziert. Dann kann man diesen Menschen allenfalls stabilisieren, das heißt, ihn dazu anleiten und ihn darin begleiten, ein bisschen sinnvoller und freudvoller zu leben, auch wenn seine Beschwerden nicht ganz aus der Welt sind.

Wir können als Psychotherapeuten nicht alles auffangen, so wie auch die Ärzte nicht alle Leiden des Körpers heilen können. Wenn es mir aber gelingt, eine therapeutische Beziehung zu den Klienten aufzubauen, dann kann ich sie begleiten.

Erst gestern erhielt ich den Brief einer Frau mit einer bipolaren Störung, die vor Jahrzehnten in meine Behandlung gekommen war. Bei dieser Erkrankung waren mir als Nichtmedizinerin in der Behandlung von vornherein Grenzen gesetzt. Selbst die Psychiatrie kann im Wesentlichen auch nur Medikamente verabreichen. Mir war bewusst, dass ich ihre Schizophrenie nicht behandeln konnte. Nun hätte ich sie einfach wegschicken und sagen können, sie solle sich in psychiatrische Behandlung begeben, was sie auf mein Drängen hin schließlich auch tat. Dennoch begleitete ich sie, da eine therapeutische Beziehung zwischen uns zustande gekommen war, in Absprache mit dem behandelnden Psychiater noch ein Stück weiter auf ihrem Weg.

Und jetzt erhalte ich nach mehr als zehn Jahren von ihr einen Brief, in dem sie sich mit berührenden Worten für meine damalige Begleitung bedankt. Sie hat es inzwischen geschafft, ihr Leben zu meistern, obwohl sie ihren ursprünglichen akademischen Berufswunsch aufgrund ihrer Krankheit nicht realisieren konnte. Sie fand ihren Platz dann als gefragte Yogalehrerin. Sie lernte auch, sich in den Phasen, in denen sich ihre Krankheit periodisch bemerkbar machte, zurückzuziehen oder in eine Klinik zu gehen.

MF: Hing das vielleicht auch damit zusammen, dass Sie ihr dabei geholfen haben, zu ihren eigenen Ressourcen Zugang zu finden?

IR: Ich glaube schon, dass das dabei eine Rolle gespielt hat. Aber es hing vor allem damit zusammen, dass ich sie in ihrem Selbstwert bestätigte, sie nicht abwies und sie auch in und mit ihrer Störung weiter begleitete. Dabei ist es fraglos so, dass ich eine bipolare Störung als Nichtmedizinerin, ohne Medikamente verschreiben zu können, ohne psychiatrische Begleitung weder behandeln kann noch darf. Mir wurde erst später bewusst, wie wichtig es manchmal sein kann, entgegen mancher Regeln doch an etwas dranzubleiben. Ich wusste damals allerdings sehr genau, wo meine Grenzen sind. Das war für mich eine große Entdeckung in der Lebensphase ab fünfzig.

MF: Und wie lebten Sie in dieser Zeit das Thema Mütterlichkeit?

IR: Auf das Thema Mütterlichkeit in einem umfassenden Sinn kam ich über einen Traum, den mir eine Patientin erzählte. In diesem Traum begegnete sie in einem Museum unter den ausgestellten Statuen aus dem Paläolithikum auch einer Frauenfigur, die – wie oft bei den Darstellungen frühzeitlicher Göttinnen – gewaltige Rundungen an Bauch und Brüsten aufwies.

Die Träumerin befand sich selbst in den Wechseljahren und befürchtete, wie viele Frauen dieses Alters, an Körpergewicht zuzunehmen. Deshalb stand sie der fülligen Frauenfigur sehr ambivalent gegenüber und wollte eigentlich weitergehen. Da taucht plötzlich ein Mann auf, ein jüngerer Mann, lässig gekleidet, der fast andächtig um diese Figur herumschreitet. Mit großer Überraschung bemerkt sie, wie er die Hände an den Mund legt, um die Figur anblasen zu können, immer wieder, mit großer Geduld. Sie fragt ihn, warum er das mache, ausgerechnet bei dieser Statue mit der ausladenden Figur. Worauf ihr der Mann sehr respektvoll entgegnet: „Damit sie lebendig wird." Er will diese Frau also zum Leben erwecken. Und später fügt er noch hinzu: „Das ist es doch, was wir an den Frauen lieben – wussten Sie das nicht?!" Was ist es, ist es die Mütterlichkeit, die sich in diesem fülligen Körper symbolisiert und die diesen Mann fasziniert? An dieser Stelle wachte die Frau aufgeregt auf.

Ich musste ihr erst einmal versichern, dass ja nicht alle Frauen in den Wechseljahren zunehmen müssten, obwohl es natürlich vorkommen könne. Diese üppigen Formen stehen auch nach den Assoziationen der Träumerin als Symbole für Mütterlichkeit, die durch die Göttinnen der Frühzeit – oft „Die große Mutter" genannt – verkörpert werden. Wir sprachen anschließend darüber, ob es nach diesem Traum sinnvoll sei, sich voller Abwehr gegen mögliches Zunehmen in eine Fastenkur zu flüchten. Nichts gegen Fastenkuren, ich habe solche selbst mit großem inneren Gewinn kennengelernt. Aber letztlich ging es darum, zu seinen mütterlichen Rundungen stehen zu lernen – ob sie sich nun innerlich ankündigen oder auch nur äußerlich sichtbar werden. Der Traum verdeutlichte ihr aber auch, dass von Männerseite her die runde weibliche Frauenfigur nicht nur auf Ablehnung stößt, wie man so gerne unterstellt – und dies gewiss nicht nur in ihrer seelischen Dimension.

MÜTTERLICHKEIT UND VÄTERLICHKEIT

MF: Gibt es bei Männern auch einen mütterlichen Aspekt? Ich denke an Jungs Konzept von Animus und Anima. Ist das eine Art Mütterlichkeit bei Männern?
IR: Das Mütterliche ist ja dem Väterlichen verwandt. Gerade in Therapien habe ich zahlreiche Menschen kennengelernt, die

mir erzählten: „Du meine Güte, wenn mein Vater nicht gewesen wäre! Meine Mutter war so kühl und konnte mir nicht das nötige Vertrauen geben, aber mein Vater konnte es." Es gibt sehr warmherzige Männer, denen man sofort Vertrauen entgegenbringt. Diese Männer haben oft selbst eine gute Mutter gehabt. C. G. Jung war überzeugt davon, dass wir jeweils gegengeschlechtliche Anteile haben (er nannte es so, man kann es aber auch anders ausdrücken). Sie entwickeln sich mit, wenn wir reifer werden. Ein früher Ansatz von Jung besagte, dass die Frau einen Animus und der Mann eine Anima habe. Damit sollte zum Ausdruck kommen, dass Frauen sich eben auch zum Männlichen, das heißt zum Aktiven, auch zum Geistigen hin entwickeln sollen und wollen, genau wie die Männer zum Seelischen und zur Bezogenheit. Das ist auch richtig, nur ist die Zuordnung des Männlichen zum Aktiven und Geistigen und die des Weiblichen zum Seelischen und zur Bezogenheit so eindeutig heute nicht mehr möglich wie zu Jungs Zeiten.

Da ist die feministische Bewegung mit ihrem neuen Identitätsbewusstsein der Frauen weit darüber hinausgegangen, aber auch die neuere psychologische Genderforschung. Eigentlich sind Anima und Animus auch nach Jungs Verständnis Archetypen, anthropologische Konstanten also, die in jedem Menschen, ob Frau oder Mann, beide angelegt sind und die ausgelebt werden wollen.

Um beim Beispiel der Frau zu bleiben: Als Frau sucht man nicht nur seinen Animus, sondern man sucht ebenso die beseelte Seite des Weiblichen, die im Anima-Begriff enthalten ist. Oft braucht es sehr lange, bis man sie wirklich in sich findet und sie auch wirklich akzeptiert. Nicht selten werden die beiden Aspekte, also Anima und Animus, zum Beispiel in Frauenfreundschaften erst einmal in verteilten Rollen ausgelebt. So hat eine eher tatkräftige Frau eine

Freundin, die das Beseelte verkörpert, während diese an der anderen wiederum das Tatkräftige und Rationale schätzt. Ich bin der Meinung, dass Freundschaften innerhalb des eigenen Geschlechts bei Frauen wie bei Männern dazu beitragen, den anderen Aspekt, der einem noch fremd ist, jeweils zu integrieren. Das würde man ganz alleine nicht so leicht schaffen.

MF: Sind solche Freundschaften in bestimmten Lebensphasen besonders wichtig?

IR: Besonders wichtig sind Freundschaften für Mädchen und Jungen in der Pubertät, in der sich beide auf der Suche nach ihrer jeweiligen geschlechtlichen Identität befinden. Für Frauen werden sie dann um die fünfzig herum wieder wichtiger. Schon allein deshalb, um die Beschwerden des Übergangs durch die Wechseljahre mit jemandem teilen zu können, der sie nachempfinden kann. Mit einem Mann kann man sich darüber nicht so spontan austauschen, selbst bei einem Partner hält man sich diesbezüglich vielleicht eher zurück. Die Mütter wiederum sind von ihren eigenen Erfahrungen damit so weit entfernt oder haben sie gar vergessen, dass man mit ihnen darüber auch nur selten sprechen kann. Aber mit Freundinnen im gleichen Alter kann man sich viel darüber austauschen, ob die Wechseljahre bereits begonnen haben und wie man damit umgeht. Diese Schwellensituation bewirkt ab fünfzig eine Stärkung und Wiederkehr der Frauenfreundschaft.

MF: Wie verhält es sich denn mit lebenslangen Freundschaften, wenn man ihre Entwicklung durch die Lebensphasen hindurch betrachtet?

IR: Wenn sie eine gute Basis haben, halten sie im Allgemeinen durch alle Lebensphasen hindurch und sind sehr wertvoll. Viele werden im Alter ab fünfzig erst wiederbelebt. Ab da und vor allem in der Lebensphase ab sechzig hat man im Allgemeinen wieder mehr Zeit, da die Familien- und Berufszeit bei den meisten am

Ausklingen sind. Man findet vielleicht beim Aufräumen einen alten Brief der Freundin oder hört nach langer Zeit wieder voneinander. Das ist meist ein sehr schönes Gefühl.

Es gibt aber auch Fälle, wo die persönliche Entwicklung von zwei Freundinnen in den verschiedenen Lebensphasen sehr unterschiedlich verlaufen ist. Dann muss man sich manchmal eingestehen, dass die Freundschaft sich überlebt hat, auch wenn sie etwas Gemeinsames enthält, das man nicht vergessen will. Dies ist oft der Fall bei Klassenkameradinnen. Es ist wie bei Geschwistern, sie gehören zu unserem Leben, unabhängig davon, ob man sie nun in allem liebt oder nicht.

Mir sind alte Freundschaften sehr wichtig. Zu einer langjährigen Freundin, die sehr sensibel war, aber auch sehr irrational handeln konnte, drohte in späteren Jahren die Freundschaft in die Brüche zu gehen. Das ging mir sehr nahe, da sie eng zu meinem Leben gehörte. Wir konnten das endgültige Auseinanderdriften zum Glück verhindern, aber wir mussten viele Jahre miteinander darum ringen. Ich dachte im Nachhinein, dass sie möglicherweise auch etwas neidisch auf mich war, da ich genau das realisierte, was ihr nicht gelungen war. Das verstand ich lange nicht. Sie fand immer sehr leicht Zugang zu Männern und lebte diese Seite locker aus, sie hatte Familie und Kinder. Daher dachte ich immer, dass sie keinen Grund hätte, auf mich und meinen stärker berufsbezogenen Lebensweg als Single neidisch zu sein. Aber offenbar kann auch das Neid wecken. Letztendlich fanden wir wieder zueinander, als wir beide irgendwann einsahen, wie schade es wäre, wenn nach so vielen Jahren unsere Freundschaft endgültig in die Brüche gehen würde. Das bestätigte mir damals einmal mehr, dass eine Freundschaft umso wertvoller ist, je länger sie alle Lebensstürme überdauert hat. Zu meinem achtzigsten Geburtstag lud ich neben den vielen, relativ jungen Nichten und Neffen, den noch jüngeren Großnichten und Großneffen aus meiner Familie auch drei Freundinnen aus meiner Jugendzeit ein – und das war eine wunderbare Ergänzung.

DIE JAHRE AB SECHZIG

MF: Wie gestalteten sich dann bei Ihnen persönlich die Jahre ab sechzig bis zum höheren Alter hin?

IR: Interessanterweise begann ich erst mit sechzig, meine Geburtstage in größerer Runde zu feiern, ich verspürte plötzlich Lust dazu. In dieser Zeit um die sechzig beginnt ja die Lebensphase des Bilanzierens, man schaut auf die ganze Strecke seines bisherigen Lebens zurück. Man ist ja bereits im sogenannten jungen Alter angekommen – und das lässt sich nicht leugnen. Man ist nicht mehr jung, aber auch noch nicht richtig alt.

Heute bezeichnet man die Generation der Menschen ab sechzig ja gerne als „die jungen Alten"! Das ist ein neumodischer Begriff, aber es gibt auch etwas ganz Altmodisches an diesen jungen Alten. Sie alle begehen ihren sechzigsten Geburtstag – wie schon ihre Väter und Mütter – mit einer Rückschau und fragen sich, wo sie denn nun angekommen sind: Was war eigentlich das Wesentliche in meinem Leben? Was will ich unbedingt noch verwirklichen? Rückschau zu halten bedeutet aber nicht nur, nostalgisch und sentimental im Vergangenen zu schwelgen. Es ist zugleich der Versuch, im Lebensrückblick zu einem runden Ganzen zu finden, das das eigene Leben ausmacht, ihm seinen eigenen Akzent gibt. Es kann bedeuten, sich mit etwas auszusöhnen, das man nicht zu realisieren vermochte, und auch darüber nachzudenken, ob man sich mit seinen Möglichkeiten nicht einfach überschätzt hatte. Man versucht sich mit Menschen auszusöhnen, mit denen der

Kontakt in die Brüche ging. Man stellt fest, dass man nicht länger mit einem solchen Zerwürfnis leben will. Gleichzeitig, und das ist sehr wichtig, beginnt man auch zu würdigen, was einem gelungen ist, was man doch alles gestaltet und geschaffen hat.

MF: Können denn alle Menschen ihre persönlichen Leistungen würdigen?

IR: Viele können es. Das hängt auch davon ab, ob man genügend Liebe zu sich selbst zulässt und ob man sich diese positive Würdigung seiner selbst auch erlaubt. Ebenso wichtig ist es, mit einer gewissen Würde Dinge gut sein zu lassen, die einem nicht sonderlich oder gar nicht gelungen sind. Noch besser, wenn man mit Humor zugeben kann, wo man sich irrte oder was einem gar nicht lag. Wenn man sich primär im Beruf verwirklicht hat wie ich, sollte man nun mit sechzig nicht mehr einer Familie mit Kindern, die man nicht auch noch verwirklichen konnte, nachweinen. Es gilt, die Freude anzuerkennen, die das Berufsleben machte, und sich einzugestehen, dass Familie zu haben einem eben doch nicht ganz so wichtig war wie der Beruf. Dieser Weg bedeutet ja auch nicht, ohne geliebte Menschen gelebt zu haben, die einem sehr, sehr wichtig waren und die diesen eingeschlagenen Weg mit begleitet und vielleicht erst ermöglicht haben.

Für eine Frau, die mit einem heiß geliebten Mann und mehreren ersehnten Kindern lebte, darunter mit einem schwer behinderten, das den ganzen Einsatz forderte, ist es ebenso wichtig, den vollen Einsatz für das Leben zu würdigen, den das Durchtragen und Gestalten dieser Familie bedeutete, und nicht mit sechzig einer Berufsausübung nachzuweinen, die unter diesen Umständen trotz aller Begabung nicht möglich gewesen wäre.

Das sind wichtige Gesichtspunkte und Perspektiven, mit denen man sich in dieser Lebensphase auseinandersetzt. Es geht um die realistische Bestandsaufnahme dessen, was gelungen ist, und um eine Unterscheidungsfähigkeit in Bezug auf das, was vielleicht überzogene Vorstellungen und Erwartungen an das Leben waren.

MF: Wenn wir nochmals zur Frage nach möglichen Brüchen im Verhältnis zu anderen, egal, ob Familienangehörige oder Freunde, zurückgehen: Warum ist ein Versuch zur Versöhnung wichtig. Und kann es immer gelingen?

IR: Einige Brüche lassen sich heilen, andere nicht. Manche Menschen sind in diesem Alter noch immer mit ihren Eltern oder Geschwistern zerstritten und überlegen nun, ob es für immer so bleiben muss. Das hängt vielleicht auch damit zusammen, dass die Eltern langsam alt und bedürftig werden. Wenn man im Grunde ein gutes Verhältnis zu ihnen hatte, übernimmt man verhältnismäßig gerne eine gewisse Fürsorge für sie und lässt gewisse Missverständnisse aus der Vergangenheit nun einfach gut sein. War das Verhältnis nicht so gut, dann kann es trotzdem sein, dass man jetzt wenigstens noch von seiner Seite her etwas für sie tun möchte.

Es gab in meiner therapeutischen Arbeit ein interessantes Beispiel für einen solchen Fall. Meine Patientin war eine Frau, die von ihrer Mutter als Kind eher misshandelt als behandelt worden war und die es deshalb selber schwer gehabt hatte, ein gewisses Vertrauen in das Leben und in andere Menschen überhaupt aufzubauen – was das Hauptthema in meiner therapeutischen Arbeit mit ihr war. Die Mutter dieser Patientin aber begann während dieser Zeit langsam in die Demenz abzugleiten. Angesichts dieser Tatsache ist mir irgendwann einmal im Gespräch mit meiner Klientin der Satz herausgerutscht, dass sie ihre schwierige Mutter jetzt bald loslassen könne, dass sie diese ja jetzt bald los sei. Da sprang sie auf und rief: „Jetzt will ich Ihnen aber mal eines sagen: Ich kann auch jetzt noch zwischen meiner Mutter und mir etwas aufbauen und das werde ich auch machen. Jetzt braucht sie mich. Ich brauche sie nicht mehr zu fürchten. Ich möchte diese Gelegenheit nicht versäumen, noch etwas Gutes zwischen uns aufkommen zu lassen." Sie setzte diesen Impuls zu ihrer Mutter auch um und es stellte sich tatsächlich noch etwas Versöhnliches zwischen ihnen ein.

MF: Und auch die Mutter hat von ihrer Entscheidung profitiert.

IR: Die harte Schale der Mutter schmolz dahin! Sie war natürlich nicht mehr voll präsent. Aber bei Demenz ist es ja nicht so, dass man überhaupt nicht mehr präsent ist. Mich hat es damals sehr überrascht, dass diese Tochter trotz ihrer belasteten Geschichte mit der Mutter – oder wegen ihr? – in dieser schwierigen Situation den Wunsch hatte, die Blockade zwischen ihrer Mutter und ihr in etwas Lebendiges zu verwandeln. Eine tolle Frau!

MF: Das ist auch eine sehr großzügige Einstellung. Hat sie es aber nicht auch für sich selbst getan?

IR: Man versöhnt sich nicht nur um des anderen willen. Natürlich möchte man dem anderen gerne wieder näherkommen. Aber primär macht man es für sich selbst, damit man keine Giftküche in sich herumträgt. Solange man Hass pflegt, gibt man schlechten Energien ständig Nahrung. Solche Gedanken an Versöhnung kommen im Leben oft in den späteren Phasen auf und sie halten meistens bis zum Ende hin an. Sie kommen auf, weil man die sich verknappende Lebenszeit fühlt und sein Leben in Ordnung bringen möchte, ehe es zu spät ist.

Wir haben für solches Aufarbeiten und Versöhnen auch in der Psychotherapie einen neuen Ansatz entwickelt: die sogenannte Lebensrückblicktherapie. Freud vertrat noch den Ansatz, dass eine Therapie nach vierzig keinen Sinn mehr mache. Ihm ging es bekanntlich um Therapieziele wie die Entwicklung einer gesunden Sexualität oder einer gesunden Arbeits- und Leistungsfähigkeit. Das sind vernünftige Ziele, aber sie greifen zu kurz, denn sie vernachlässigen einen enorm großen und wichtigen Abschnitt des Lebens, das Alter. Hier können sie nicht mehr die primären Ziele sein.

MF: Soweit ich weiß, hat Verena Kast zu diesem Thema gearbeitet.

IR: Sie war diejenige, die eine neue Gestalt von Lebensrückblicktherapie entwickelte, in der vor allem das von Emotion und Imagination getragene und erfüllte Erinnern und Erzählen eine wichtige Rolle spielen. Dabei handelt es sich nicht nur um eine Therapieform. Man kann jedem gesunden Menschen im frühen Alter nur empfehlen, einen Lebensrückblick zu machen. Er kann dadurch sein Leben zu einem Ganzen abrunden und einzelne Punkte angehen, bei denen noch etwas offen ist, eine unbewältigte Verletzung, eine Versöhnung zum Beispiel.

Ein Lebensrückblick muss nicht so viel Zeit in Anspruch nehmen wie eine übliche Psychotherapie, denn man kann auch sehr gezielt und komprimiert daran arbeiten. Das wichtigste Ziel dabei ist, zu einem Ja zu sich selbst und dem wirklich gelebten Leben zu finden, zu einem realistischen Ja. Und man kann dadurch Enttäuschungen, die oft aus unrealistischen Vorstellungen erwachsen sind, loslassen. Man lernt zu würdigen, wer man ist, und kann würdig in die späteren Jahre gehen. Man kann sich sagen: „Ich kann damit leben, dass ich nicht alles hinbekommen habe, was ich erträumt habe, es genügt mir das, was ich wirklich geschafft habe. Auch wenn ich nicht in allem gut war, das tut dem keinen Abbruch."

MF: Hat das auch Auswirkung darauf, wie man dann sein weiteres Leben angeht?

IR: Natürlich stellt sich im frühen Alter die Frage, was noch alles kommen könnte. Denn die jungen Alten merken, dass sie in der Regel noch sehr leistungsfähig sind, und die meisten wollen sich auch gerne noch aktiv einbringen. Das ist das ganz Neue an den jungen Alten, im Grunde besteht die jetzige Generation der jungen Alten ja auch aus den damaligen 68ern – der Wertewandel-Generation. Doch natürlich lebten in dieser Generation auch nicht nur politisch wache Menschen, sondern es gibt unter ihnen auch solche, die damals wie heute lieber sicher zu Hause sitzen, als sich in gesellschaftliche Vorgänge und Wandlungen einzumischen, womöglich öffentlich zu demonstrieren. Aber die heutigen jungen Alten unterscheiden sich doch stark von vorherigen Generationen, weil sich durch die Umwälzungen in den 1960er-Jahren die Lebensstile insgesamt veränderten. Der geistige Horizont hat sich erweitert und es ist ein neues Problembewusstsein für politische Verantwortung entstanden: Man hatte gelernt, gesellschaftlich Einfluss zu nehmen, man ließ sich nicht mehr alles gefallen, sondern wehrte sich. Und man wusste auch, wie.

Die jetzigen jungen Alten sind also eine aktive Generation, die sich einmischt und sich nicht mehr als altes Eisen abstempeln und ausrangieren lässt. Aus Umfragen und persönlichen Kontakten weiß ich auch, dass viele es als Beleidigung empfinden, allzu früh aus dem Berufsleben in den Vorruhestand abgeschoben zu werden, weil man als Fünfzig- bis Sechzigjähriger keine Stellung mit Verantwortung mehr findet. In einer Gesellschaft, die Menschen sehr stark über ihren Beruf definiert, verliert man viel, wenn man aus dem Arbeitsgefüge herausfällt: Den kollegialen Kontakt, die kollegiale Anerkennung, die klare Tagesstruktur und auch ständige Fortbildung durch den Arbeitsprozess. Es gibt natürlich auch Beschäftigte, die sehnen sich schon vor sechzig nach dem Ruhestand. Dazu gehören Menschen, die einen körperlich anstrengenden Beruf ausüben. Es gilt auch für Menschen, die wegen eines schlechten Betriebsklimas oder einer falschen Berufswahl im Arbeitsleben nicht glücklich geworden sind. Aber das Gros möchte doch, wie Umfragewerte erweisen, bis zum Rentenalter oder sogar länger im Berufsleben bleiben und seine große Erfahrung weiterhin einbringen. Inzwischen sind die Alten zu einem großen Thema in der Öffentlichkeit geworden, und zwar nicht nur die Dementen.

DIE JUNGEN ALTEN

MF: Glauben Sie, dass sich durch eine Verlängerung der Berufszeit auf der gesellschaftlichen Ebene etwas verändern würde?

IR: Der Übergang in den Ruhestand, der in diese Lebensphase fällt, macht einem erstmal richtig bewusst, wie viele Kontakte man durch den Beruf hatte und dass er einem gesellschaftliche Anerkennung verliehen hat. Das fehlt danach natürlich. Es gibt heute zwar viele Möglichkeiten, um Neues zu lernen, man kann sich auch in seinem Fachgebiet noch weiterentwickeln und dazulernen, aber das ersetzt die Berufstätigkeit nicht eins zu eins. Es müsste zumindest die Möglichkeit geben, eine Verlängerung seiner Berufzeit zu beantragen oder in Teilzeit innerhalb des angestammten Berufes tätig zu sein.

MF: Vielleicht in einer Art von gleitendem Übergang zur Rente? Haben Sie es auch in Ihrem persönlichen Umfeld beobachtet, dass viele gerne noch länger tätig sein wollen?

IR: Ein gleitender Übergang wäre das Natürliche. Ich mache beispielsweise längst nicht mehr alles, aber ich kann fast alles noch, wenn ich es mir gut einteile. Das ermöglicht mir natürlich der freie Beruf, in dem es gar keine Berentung gibt – mit allen Vor- und Nachteilen. Die meisten in meinem Freundeskreis wollen möglichst lange in ihrem angestammten Berufsfeld weiterwirken können, in dem sie hohes Erfahrungswissen erworben haben. Dies hängt schlicht auch damit zusammen, dass wir heute rein physiologisch oder biologisch gesehen fitter sind als gleichaltrige Generationen früher. Und bei den nachfolgenden Generationen nimmt dieser Trend ja noch zu. In den letzten zehn Jahren hat die moderne Medizin viel dazu beigetragen, dass der Alterungsprozess zumindest stark verlangsamt wird. Das bedeutet aber nicht, dass auch alle daran teilhaben. Manche Menschen sind schon mit fünfzig vorzeitig gealtert oder sterben nach wie vor früh. Aber das gilt nicht für die Generation als Ganze. Sie ist heutzutage bis etwa siebzig noch sehr vital und tatkräftig.

MF: Würden Sie sagen, bis in die Siebziger hinein könnte man ohne Weiteres in seinem Beruf tätig bleiben?

IR: Das tun wir in den freien Berufen doch schon längst, wir arbeiten bis siebzig und länger. Wobei man einiges doch schon vorher einschränkt oder abgibt. Natürlich gibt es auch Berufe, wo dies nicht geht. Das sind körperlich sehr fordernde Berufe, als Arbeiter in der Industrie, auf dem Bau, in vielen handwerklichen und technischen oder auch in den Pflegeberufen ist es unmöglich. Aber das bedeutet doch nicht, dass diese Menschen gar nichts mehr tun können. Mir ist es ein großes Anliegen, zu vermitteln, dass man heute biologisch jünger ist als die Gleichaltrigen in früheren Jahren. Es gibt Möglichkeiten, sich umzuorientieren und anderswo seine Erfahrung und sein Wissen einzubringen. In diesem Zusammenhang ist übrigens eines wichtig: In vielen wächst mit dem Älterwerden auch das Interesse daran, als Mensch vollständiger zu werden. Das kann sich darin äußern, dass jemand aus einer technischen Abteilung Interesse an Personalführung entwickelt und in die Personalabteilung wechseln möchte. Andere wiederum beginnen noch mit Ende fünfzig eine neue Tätigkeit im sozialen Bereich. Eine meiner Freundinnen hat beispielsweise im Hospiz eine sie erfüllende Tätigkeit gefunden, nicht als Fulltime-Job, sondern einmal in der Woche malt und spricht sie jetzt mit Menschen in deren letzter Lebensphase, was diesen, aber auch ihr selbst, sehr viel gibt.

MF: Und ist das Bedürfnis, noch etwas Neues zu machen, aus ihr selber entstanden?

IR: Sie hatte das Bedürfnis, noch tätig zu sein und als lebenserfahrener Mensch gebraucht zu werden. Sie brachte dazu natürlich auch ihre berufliche Ausbildung als Kunsttherapeutin mit.

Ich beobachte aber noch etwas anderes. Das hat vielleicht nicht für alle Gültigkeit, doch zumindest für bestimmte Schichten. Es gibt im jungen Alter ein außerordentliches Bedürfnis nach erweiternder Bildung, insbesondere nach einem Wissen um den Menschen und die Menschheit – sozusagen ein Studium Generale. Das betrifft Fachrichtungen wie Psychologie, Philosophie, Religion, aber natürlich auch Literatur, Kunst und Musik. Auch die Fragen nach einem umfassenden Weltbild sind virulent, gerade aufgrund der naturwissenschaftlichen Erforschung der Lebenszusammenhänge auf der Erde und im Kosmos. Gerade diejenigen, die nicht mehr im Beruf gefordert sind, strömen in die Bildungseinrichtungen und möchten etwas über das Leben selbst erkennen, zweckfrei, einfach aus Interesse und zur persönlichen Orientierung. So sind viele Angebote, von der Volkshochschule bis zur Universität des dritten Lebensalters, von Senioren überfüllt.

MF: Das ist wohl auch ein Grund dafür, dass es unter älteren Generationen geradezu einen Museumsboom gibt.

IR: Es geht dabei auch um eine Kompensation zur Freistellung vom Beruf. Diese Generation sucht und beschäftigt sich jetzt intensiv mit anderem Dingen und Fragen. Sie will sich nicht mehr unbedingt nützlich machen, sondern fragt nach dem Nutzen dieser Erkenntnisse für sich selbst. Auch die Frage nach möglicher Altersweisheit ist mit gemeint. Es kam im letzten Jahrzehnt tatsächlich eine philosophisch und vor allem auch eine psychologisch fundierte Weisheitsforschung auf, mit dem Ergebnis, dass der alten Generation tatsächlich ein höherer Weisheitsquotient zugeschrieben wird als jüngeren Generationen. Hierbei hängt es natürlich sehr von der Definition von Weisheit ab.

Es ist heute eine ältere Generation mit breitgefächerter Bildung – im Vergleich zu allen früheren Altersgenerationen. Und dazu gehören gerade auch solche, die vorher keine Hochschule besuchten. Gerade diese an Bildung Interessierten starten oft noch einmal richtig durch. Das konnte ich während der Zeit an der Goethe-Universität in Frankfurt am Main beobachten, als ich dort in einem Bildungsangebot für Ältere mitarbeitete. Die Universität begann schon vor etwa zwanzig Jahren damit, ein Bildungsangebot für Menschen aller Vorbildungen aufzubauen. Ältere können so am normalen Universitätsbetrieb teilnehmen und bestimmte Kurse in verschiedenen Fächern belegen, ohne Abiturzeugnisse und andere Abschlüsse nachweisen zu müssen. Und sie strömen dahin und fühlen sich gewürdigt und geehrt. Sie bringen echtes Interesse und Wissensdrang ein.

MF: Ist die Würdigung der älteren Menschen generell ein wichtiges Thema?

IR: Sie ist sogar ein sehr wichtiges Thema. Aber die Älteren bringen auch selbst sehr viel dafür ein. Prof. Gertrude Deninger-Polzer, die dieses Bildungsangebot in Frankfurt aufgebaut hat, erzählt immer wieder von einem Neunzigjährigen, der eine einstündige Bahnfahrt auf sich nimmt, um regelmäßig an den Veranstaltungen teilzunehmen. Und wenn in der Diskussion jemand etwas nicht ganz verstanden hat, meldet er sich und sagt: „Ich bin schon länger hier dabei, habe die Vorlesung bereits vor zwei Jahren besucht und weiß, was die Frau Dozentin meint." Und dann interpretiert er das Gesagte und sie hört schmunzelnd zu, wie dieser intelligente Mann sein Wissen einbringt. Gertrude Deninger-Polzer und auch Yorick Spiegel verdanke ich im übrigen die Einladung, eine Honorarprofessur an der Universität Frankfurt am Main zu übernehmen, die ich seit meinen Fünfziger- und Sechziger-Jahren gerne wahrnahm. Hinter der Würdigung des Alters und der Alten steht letztlich auch die Frage nach Lebenssinn und Lebensweisheit und danach, was es heißt, Mensch zu sein.

LEBENSPHASEN, WENDEPUNKTE – UND IDENTITÄT

MF: Worin unterscheiden sich eigentlich die verschiedenen Lebensphasen in der Hauptsache?

IR: In den jüngeren Lebensphasen geht es darum, zu entdecken, wer man eigentlich ist. Das ist die frühe Identitätsphase, die zur Entwicklung der Persönlichkeit dringend nötig ist. Von dieser Phase hängt ab, was man später im Leben umsetzt. Wichtige Fragen sind etwa: Was will ich werden? Mit wem verbinde ich mich? So ist diese Lebensphase der Identitätsfindung auch ganz stark mit der Beziehungsfrage verbunden, mit der man in den frühen Jahren noch keine eigene Erfahrung hat, außer der mit den Eltern und anderen Nahestehenden. Und dies muss nicht immer positiv gewesen sein.

In der Adoleszenz beginnt man, sich meist zum ersten Mal leidenschaftlich zu verlieben, und versucht, eine Partnerschaft aufzubauen. Bei vielen Menschen ist es ein Thema, das lebenslang sehr tief geht und ihnen Höhen und Tiefen des Erlebens beschert. Vor allem eben die erste Liebe, die einen oft umwirft, gehört in diese Zeit. Wenn die erste Liebe schief geht, glaubt man in diesem Alter zuerst, das Thema sei für immer erledigt. Man kann sich einfach nicht vorstellen, jemals wieder so etwas Tiefes zu erleben. Das macht die Situation in diesem Augenblick auch so tragisch und schmerzlich.

Auch viel später, etwa mit sechzig, kann es in der Liebe und der Beziehung noch einmal eine Krise geben. Aber in diesem Alter weiß man, dass man eine Trennung auch überleben kann. Man weiß um die Möglichkeit, sich auf einen anderen Menschen erneut tief einlassen zu können.

MF: Zurück zur Identitätsfrage: Ab der Pubertät geht es also darum, wer man eigentlich ist. Wann erscheint das nächste Mal die Frage nach der eigenen Identität in ähnlicher Dringlichkeit?

IR: Identitätsfragen kommen immer bei Lebensübergängen auf, also auch um die dreißig beim Übergang ins frühe Erwachsenenalter, also erstmals in der Adoleszenz. In dieser Zeit bilden sich auch die Erwartungen heraus, die man an sich selbst stellt, und somit die Vorstellungen, die man von sich hat. Manche Menschen schaffen wiederum den Übergang aus der Adoleszenz in die nächste Lebensphase allzu lange nicht, da sie sich nicht entscheiden können, wer sie sein wollen.

Man opfert immer auch Möglichkeiten, egal, ob im Beruf oder in der Beziehung, wenn man sich auf etwas festlegt. Deshalb zögern viele, bis sie dann merken, dass überhaupt nichts passiert, wenn sie sich nicht entscheiden. Ein junger Mann träumte einmal, dass er völlig begeistert in einem Sportflugzeug fliegen würde, ohne auf die Zeit zu achten, bis er plötzlich spürte, dass er dringend landen müsste. Er wusste aber nicht, wie er das bewerkstelligen sollte, das Benzin drohte auszugehen, er wusste einfach nicht, wie er heil herunterkommen sollte. Nach diesem Traum wurde ihm klar, dass er sich für etwas entscheiden müsste, sonst würde er mit vierzig noch immer so dahinfliegen, dahinleben, ohne etwas wirklich angepackt zu haben – zugleich könnte dabei der Absturz drohen, da der Treibstoff ausgehen würde. Das verbildlicht den Übergang von der Adoleszenz in die Phase der Verwirklichung, in das Erwachsenenalter, das man in den Dreißigern, Vierzigern noch als das frühe Erwachsenenalter bezeichnet. Auch bei diesem Übergang muss man seine Identität neu bestimmen. Realismus gehört zu diesem Prozess. Man muss wagen, sich einzubringen in den Lebensprozess mit alledem, was man wirklich kann. Muss sich aber auch eingestehen, dass man nicht alle seine Ideen und Vorstellungen zu realisieren vermag. Es bedeutet auch, die Grenzen der eigenen Fähigkeiten anzuerkennen. Man kann Dinge nur so gut machen, wie es einem eben zu diesem Zeitpunkt möglich ist, wobei man sich im weiteren Verlauf steigern kann. Aber auch viele glückliche Momente gehören zu den Erfahrungen, die wir in dieser Phase alle machen: Diese Beglückung, die ich empfinde, wenn ich etwas erreicht habe! Das kann etwas Kleines sein, der erste Beitrag, den ich in einer Zeitschrift veröffentliche, oder die erste Abiturklasse, die ich zum Abschluss führe, ohne dass einer durchgefallen wäre. Oder vor allem auch die erste geglückte Beziehung, die Bestand hat, die verbindlich geworden ist, vielleicht ist sogar ein Kind unterwegs, auf das man sich freut. Das ist die Verwirklichungsphase, die bis etwa vierzig geht.

MF: Welche Lebensübergänge folgen dann, besonders bei den Frauen, und welche Fragen stellt man sich in dieser Zeit?

IR: Ab vierzig kommt die erste Ernüchterung auf. Sie betrifft vor allem kinderlose Frauen, wenn ihnen langsam klar wird, dass die Chance auf eigene gesunde Kinder sich von dieser Zeitspanne an immer mehr verringert.

Um die fünfzig herum stellt sich die Menopause ein. Viele Frauen, gerade wenn sie ungenügend informiert sind, stellen sich Fragen von der Art: „Bin ich womöglich von jetzt an nicht mehr attraktiv, bin ich keine richtige Frau mehr?" Je nach Lebensumständen kann dies durchaus tragische Dimensionen annehmen und zumindest zu vorübergehenden Depressionen führen. Aber auch bei Frauen, die in Ehe und Familie eingebunden sind, ändert sich in dieser Zeit etwas Entscheidendes: Die Kinder werden flügge und verlassen das Haus. In gewisser Weise wird man dadurch in eine frühere Lebensphase zurückgeworfen und das junge Mädchen, das man war, bevor man verbindliche Ehe- und Familienbindungen einging, tritt wieder hervor. Oft ist dies auch eine Zeit, in der eine Beziehung oder Ehe endgültig scheitert. Man fühlt sich noch jung genug, um es nochmals zu probieren, und sagt sich vielleicht, falls man kinderlos geblieben ist: „Gut, mit Kindern wird es nicht mehr klappen, aber eine neue Beziehung kann ich noch eingehen." Wenn der neue Partner Kinder mitbringt, etwa als Witwer nach einer ersten Ehe, dann hat man doch noch die Möglichkeit, eine Familie aufzubauen. Dafür kenne ich viele Beispiele.

MF: Gibt es auch bei den Männern eine „Midlifecrisis"?

IR: Die gibt es gewiss, aber Männer nehmen sie zunächst nicht so stark körperlich wahr. Deshalb überfällt viele Männer ganz plötzlich und erschreckend die Erkenntnis, dass sie sich schon in der Mitte ihres Lebens befinden, wenn sie vierzig werden. Ich kenne einen erfolgreichen Arzt, der viel Leichtathletik betrieb, bei Marathonläufen mitlief und dem es auch sonst gesundheitlich sehr gut ging. Aber als er merkte, dass er mit den Zwanzigjährigen, aber auch mit den Dreißigjährigen sportlich nicht mehr ganz mithalten konnte, bekam er unerwartet starke Selbstzweifel und baute Ängste vor dem Älterwerden auf. Und das, obwohl es ihm gut ging, er fit und aktiv war und in einer guten Partnerschaft lebte.

Bei Männern äußert sich diese Krise auch oft im Berufsleben. Sie bekommen Angst, wenn ihnen klar wird, dass sie jetzt zu den Älteren im Team gehören. In vielen Branchen ist es ab fünfzig wirklich nicht mehr so leicht, eine gute Stelle zu behalten oder nach einem Stellenverlust wieder einen neuen Job zu bekommen. Es werden oft Dreißigjährige vorgezogen, nicht weil sie besser, sondern weil sie billiger sind.

MF: Unterscheiden sich die Übergänge und Wendepunkte im Leben von Männern grundsätzlich von denen, die Frauen durchleben?

IR: Nicht grundsätzlich, sie sind in Details anders ausgeprägt. Bei den meisten Männern geht es vor allem um die Leistungskurve. Es kann sie sehr treffen, wenn diese abfällt. Das berührt auch stark die Sexualität, aber die kommt erst viel später in die Krise. Dann regen sie sich unglaublich auf, wenn es nicht mehr so gut klappt wie früher, selbst wenn ihre Frauen ihnen glaubwürdig versichern, dass es für sie gar nicht so grundsätzlich darauf ankäme: „Es gibt doch auch noch andere Formen, miteinander schöne Sexualität zu erleben, ich mag dich auch so."

Die Fokussierung auf die Potenz hängt damit zusammen, dass bei Männern mit der deutlich erlebten Geschlechtsreife auch ihre erste Identität als Mann entsteht, also Männlichkeit und Potenz für sie noch untrennbarer zusammengehören als für die Frau Weiblichkeit und Fähigkeit zu Orgasmus und Empfängnis. Natürlich gehören auch für Frauen Weiblichkeit und sexuelle Erlebnisfähigkeit zusammen, das kann für manche Frauen dann in den Wechseljahren zum Problem werden. Nur findet dieser Übergang, dass die Potenz zum Problem wird, bei Männern sehr viel später statt. Sie beginnen, sich meist viel später als Frauen damit und mit der damit zusammenhängenden Identitätsfrage zu beschäftigen. Das macht es für Paare nicht ganz leicht, sich den Fragen der zweiten Lebenshälfte zu stellen. Es gibt hier eine gewisse Phasenverschiebung bei Mann und Frau in der Wahrnehmung der anstehenden Probleme.

MF: Wann beginnt man, sich bewusst mit dem Thema Alter auseinanderzusetzen, unterscheidet sich das bei Frauen und Männern?

IR: Bei Frauen setzt das Nachdenken darüber oft schon mit vierzig ein. Sie merken, dass körperliche Veränderungen beginnen, etwa die Haut nicht mehr ganz so straff ist. Der Schönheitskult in unserer Gesellschaft setzt ihnen schon sehr früh zu. Ein starker Einschnitt kommt dann meist um die fünfzig herum, wenn sie sich in den Wechseljahren plötzlich in einem anderen Lebensrhythmus befinden. Viele sind nicht auf die Menopause vorbereitet und tun sich schwer damit. Aber mit der nächsten Lebensphase ab sechzig kommt für die meisten fast überraschend noch einmal eine Zeit großer Vitalität. Viele bekannte und kraftvolle Frauen dieses Alters in Politik und Kultur haben bestimmt nicht mit den Wechseljahren ihre Vitalität verloren. Nachdem der Körper sich umgestellt hat, fühlt man sich wieder gesund und fit. Aber die meisten Frauen können sich das nicht vorstellen, während sie mitten im Wechsel sind. Sie sehen nur die defizitären Aspekte des Älterwerdens, etwa dass Beschwerden oder der „Verhässlichungs-prozess" – wie es eine Freundin mit Humor nannte – zunehmen. Doch das ist ein Irrtum, auf den man nicht hereinfallen darf. Bei Männern zeigt sich das herannahende Alter oft über die Abnahme ihrer körperlichen und damit auch sportlichen Leistungsfähigkeit und über die Schwierigkeit, in Führungspositionen zu bleiben oder etwas Neues zu beginnen. Ein Klassiker ist beim Mann der Herzinfarkt, der ihn aufschreckt, besonders dann, wenn er über-haupt nicht phasengerecht lebte, sich übernahm und manches innerlich nicht verarbeiten konnte. Männer reagieren dann meis-tens sehr irritiert auf dieses deutliche Anzeichen des Älterwerdens und manchmal auch sensibler und wehleidiger als Frauen, die sich in dieser Phase schon seit vielen Jahren mit der Realität des Älterwerdens beschäftigen.

LIEBESBEZIEHUNGEN IM ALTER

MF: Oft nehmen sich ältere Männer dann eine deutlich jüngere Frau. Ist das eigentlich auch typisch für diese Lebensphase?
IR: Dies sind alles Versuche, die Natur irgendwie zu überlisten. Doch wenn sie in diesem Alter noch einmal Kinder bekommen, geraten sie in eine schwierige Situation: Das Kind passt nicht zu der Lebensphase, in der sie sich befinden. Es hat einen Vater, der dem Kind das, was es in dem Alter braucht, nicht mehr so recht

geben kann. Es braucht ja nicht nur seelisch stabile Eltern, sondern auch körperlich leistungsfähige. Ein zwei- oder dreijähriges Kind hält einen ordentlich auf Trab, wenn man sich auch nur für einige Stunden alleine mit ihm beschäftigt, da geht mir heute wirklich die Luft aus. Aber das ist nicht nur für eine Großmutter anstrengend, sondern auch schon für einen Sechzigjährigen.

MF: Wird diese Tendenz nicht durch die Möglichkeiten der modernen Medizin, wie zum Beispiel auch die Diskussion über das Einfrieren von Eizellen, noch gefördert?

IR: Neulich hat mich jemand genau das gefragt. Ich habe ihm geantwortet, dass ich meine Eizellen erst mit 102 einfrieren lassen werde. Im Ernst: Wir haben doch gar keine Ahnung von den Folgen, wenn wir der Natur derart ins Handwerk pfuschen. Und vor allem: Ein Kind braucht eine Mutter und natürlich auch einen Vater in der zu seiner Kindheit passenden Lebensphase. Das ist meine Hauptthese.

Es gibt noch einen weiteren Aspekt: Nicht nur alternde Männer suchen sich junge Frauen, inzwischen suchen sich auch alternde Frauen junge Männer. Das ist ihr gutes Recht und dies hat sogar archetypische Wurzeln. Solche Beziehungen zwischen Alt und Jung haben ihren archetypischen Ausdruck einerseits in dem mythologischen Paar, dem uralten Zauberer Merlin mit der jungen Nixe Viviane, gefunden und andererseits in dem romantischen Paar im „Rosenkavalier", der Marschallin und ihrem jugendlichen Liebhaber. Es ist etwas Archetypisches in dieser Verbindung zwischen Alt und Jung, in einer Begegnung, die eine Erneuerungsmöglichkeit für den alten Menschen und eine Reifungsmöglichkeit für den jungen erhoffen lässt. Diese Hoffnung kann sich durchaus für Momente, ja für eine gewisse Wegstrecke erfüllen. Aber fast immer ist sie zeitlich begrenzt und dann entwickelt sich eine Dramatik, manchmal eine Tragik. Die Marschallin muss ihren jungen Partner loslassen, als er das frühe Erwachsenenalter erreicht und eine gleichaltrige Partnerin findet. Die reife Frau vermag die junge Partnerin ihres Geliebten mit zu lieben und ihn damit loszulassen. Auch für die junge Viviane mit ihrem viel älteren Mann tauchen Probleme auf. Nicht unbedingt nur in der Sexualität, häufig zeigen sich in der Lebensauffassung ganz unterschiedliche Erfahrungsebenen. Selbst der mythologische Zauberer Merlin vermag diesen Konflikt nur so zu lösen, dass er seiner Viviane größte Freiheit gewährt, neben ihm und dem gemeinsamen auch ihr eigenes Leben zu leben.

Ein so großer Altersunterschied in einer Partnerschaft ist jedenfalls riskant, meistens löst ja auch die Natur so eine Verbindung durch den Tod des alt Gewordenen wieder auf. Wobei ich die Letzte bin, die behauptet, so gewagte Beziehungen zwischen ganz Jungen und sehr Alten dürften auch bei aufrichtiger Liebe nicht sein. Recht sinnvoll finde ich es, wenn sich zwei erst im Alter kennenlernen und zusammentun, da kann etwas ganz Spannendes und Erfüllendes entstehen. In solchen Beziehungen spielt die Komponente Freundschaft oft eine große Rolle und die sexuelle Seite ist lebendig, aber stark in der Spielart von Erotik und Zärtlichkeit. Das kann sehr schön sein.

MF: Bedeutet das, man geht im Alter ganz anders an eine neue Beziehung heran und es können sich ganz neue Möglichkeiten entwickeln?

IR: Vor allem gibt es in diesem Alter wieder Möglichkeiten, neue Partnerschaften einzugehen. Viele haben ihren Partner oder ihre Partnerin im Verlauf ihres Lebens verloren, durch den Tod oder durch eine Trennung. Diese Menschen haben Beziehungserfahrung, haben bereits Jahrzehnte in einer Partnerschaft gelebt, haben sie zu gestalten und zu bestehen gelernt. Sie leben also zu einem bestimmten Zeitpunkt nicht allein, weil sie grundsätzlich beziehungsunfähig wären, sondern weil ihre Beziehung durch Krankheit und Tod getrennt wurde oder manchmal auch scheiterte. Aber meist haben die Menschen auch etwas aus dem Scheitern gelernt. Reife Menschen haben auch andere Erwartungen und wagen dadurch, eine Beziehung einzugehen, solange es möglich ist. Oft heiraten sie nicht gleich und ziehen nicht gleich zusammen, weil viele an ihrem unabhängigen Leben auch hängen. In meinem Freundeskreis gibt es einige gute Beispiele dafür. Dazu gehört eine Frau, die durchaus auf Männer bezogen lebte, im Alter doch alleine war. Bei regemäßigen Fortbildungskursen, die sie gern besuchte, lernte sie einen Mann kennen. Seine Frau, die er sehr geliebt hatte, war einige Jahre zuvor schon verstorben. Die drei erwachsenen Kinder waren aus dem Haus. Die beiden lernten sich immer besser kennen und verstehen und begegneten sich einige Jahre lang zunächst auf einer rein freundschaftlichen Ebene. Irgendwann stellten sie fest, dass da noch Tieferes zwischen ihnen schwang, dass sie sich liebten, und sie verstehen sich seither als Paar. Sie telefonieren jeden Tag miteinander und verbringen den größten Teil ihrer Zeit miteinander. Aber weiterhin hat jeder von ihnen eine eigene Wohnung. Zu seinen drei erwachsenen Kindern hat sich inzwischen auch von ihr her eine sehr schöne Beziehung aufgebaut. Vielleicht fühlen sie sich gerade durch diese gewisse Distanz, die sie zueinander halten, so sehr voneinander angezogen. Dass sie sich lieben, kann man von außen spüren. Diese Beziehung besteht nun schon seit mehreren Jahren.

Bei einer anderen Frau erlebte ich etwas Ähnliches. Sie war Direktorin einer großen Einrichtung gewesen, eine sehr freie und energische Frau, die auf einer Studienreise in die Türkei einen noch etwas älteren Mann kennenlernte, der auch seine Frau verloren hatte. Die beiden verband mindestens sechs Jahre lang, solange sie lebten, eine sehr schöne und auch stark erotische

Beziehung, inzwischen leben beide nicht mehr. Sie schrieben einander Gedichte, so sehr kamen ihre Seelen beieinander zum Klingen. Liebe im Alter kann auch in der schöpferischen Trauerarbeit um den Verlust eines langjährigen Partners entstehen: Wie in dem Bilderzyklus vom „Hohen Lied", den eine künstlerisch tätige Frau gestaltete und zu dem ich einen Kommentar schrieb, in dem ich die Bilder des „Hohen Liedes" imaginativ miterlebte.

MF: Ist das Thema Liebe und Partnerschaft im Alter eigentlich gesellschaftliches Neuland?

IR: Nicht ganz, lange Zeit begegnete man dem Thema in der Öffentlichkeit und sogar in der Altersforschung eher zurückhaltend bis verlegen. Sexualität im Alter ist heute nicht mehr tabuisiert. Deshalb weiß man auch mehr darüber. Sie wird auch offener gelebt.

Die Partnerschaft im Alter kann mehr oder weniger freundschaftlich, aber doch auch sehr zärtlich sein. Man spricht in diesem Zusammenhang gern von einer Ganzkörpererotik. Wer noch Sexualität leben will und kann, der darf das, auch noch im Altersheim. So ist es möglich, auch noch in späteren Lebensphasen alle Sinne und Freuden einzubeziehen. Und das sogar in höherem Alter, denn diese Generation ist heute – das ist durch medizinische Studien belegt – ja deutlich fitter als die Gleichaltrigen früherer Generationen. Wobei es natürlich von der persönlichen gesundheitlichen Konstitution abhängt. Man kann – noch weniger als in anderen Phasen – im Abschnitt des Alters keine generellen Angaben dazu machen, in welchem Stadium sich der Einzelne gerade befindet und welche Möglichkeiten ihm oder ihr noch offen stehen. Es ist von Mensch zu Mensch unterschiedlich, wann beispielsweise die mittlere Altersphase, heute ab etwa Ende siebzig bis Mitte achtzig, wirklich in das höhere Alter übergeht.

DAS HOHE ALTER

MF: Wir haben über die unterschiedlichen Phasen des Alters gesprochen. Sie unterscheiden zwischen einem „jungen Alter" ab circa sechzig Jahren und einem „hohen Alter". Wann erreicht man endgültig das „hohe Alter"?

IR: Vieles wird in dieser Lebensphase ganz individuell, je nach persönlicher Entwicklung. Erfahrungsmäßig ist aber fünfund-achtzig eine Art Schwelle, in der allmählich einige Abbauprozesse beginnen. Das muss nicht unbedingt tragisch sein. Man braucht dann endgültig einen Stock oder das Gedächtnis lässt deutlich nach. Deshalb ist man noch lange nicht dement, aber man spürt doch einige Einschränkungen. Man tut sich auch nicht mehr so leicht, allein und ohne Haushaltshilfe in einer Wohnung zu leben. Das ist jedoch nur ein Richtwert. Es gibt auch ganz andere Fälle.

Neulich las ich einen Artikel über einen Schweizer Maler, Hans Erni, der schon über neunzig ist. Er ist den ganzen Tag angeregt tätig wie ein spielendes Kind und schafft doch noch bedeutende Kunst. Oder denken wir an Louise Bourgeois, die überhaupt erst in ihren Neunzigern ganz zur Geltung kam – nicht etwa, weil man sie da endlich wahrnahm, sondern weil sie in dem hohen Alter völlig Neues entwickelte, zum Beispiel die überlebensgroßen Spinnen-Skulpturen. Genau das brachte ihr den weltweiten Durch-bruch. Sie ist vor einigen Jahren gestorben, auf der Höhe ihrer Möglichkeiten. Sie hat es in dem hohen Alter offenbar endlich geschafft, mit den traumatisierenden Erlebnissen aus ihrer Jugend abzuschließen, mit denen sie sich ein Leben lang künstlerisch auseinandergesetzt hatte. Erst dann konnte sie neuen Themen und Gestaltungsformen Raum geben. Die unschönen Erlebnisse mit ihrem Vater, vor allem sein wenig bezogenes, geringschät-ziges Verhalten gegenüber ihrer Mutter hatte bei ihr eine negative

Einstellung zu Männern insgesamt bewirkt. Deren Darstellung hatte bis dahin in ihrer Kunst einen großen Raum eingenommen. Davon nahm sie schließlich im hohen Alter Abstand.

MF: In welche Richtung hat sie sich im Alter entwickelt?

IR: Sie begann auf einmal, Bilder des Kosmos zu entwerfen, schwebende Kompositionen aus großen Kreisfigurationen, womit sie mir erst richtig nahekam. Schon ihre Bilder mit den Nanas waren berühmt gewesen, wie erst recht die überdimensionalen Skulpturen von Spinnen, in denen sie versuchte, die Symbolik der großen Lebensmutter Maya, die das Schicksalsgefüge spinnt, darzustellen. Sie wurden von dem spätesten Werk der Künstlerin noch in den Schatten gestellt, wo die archetypische Symbolik des Kosmos besonders im Fokus stand. In ihren letzten Lebensjahren erschloss sie sich die großen Grundsymbole des Menschseins.

SICH ÖFFNEN UND LOSLASSEN

MF: Ist das Beispiel Louise Bourgeois typisch für die Entwicklung im hohen Alter?

IR: Es ist insofern typisch, als es im Alter möglich ist, über viele innere Spannungen, die auf Streitigkeiten und Abwertungen während der früheren Lebensphasen beruhen, hinauszuwachsen. Das ist für uns selber von großer Bedeutung. Wenn man das ständig verändernde Leben auch wirklich annimmt, schafft man es allmählich, auch das Negative in seinem Leben mit einzuladen an den gemeinsamen Lebenstisch, an dem sich zuletzt alle Anteile, alle Persönlichkeitsanteile, auch von einem selbst, versammeln. Man kann diese Versammlung am Lebenstisch auch in einer Imagination bildhaft entstehen lassen. Will einem das gar nicht gelingen, so entsteht die Gefahr, sich an einem negativen Anteil festzubeißen und irgendwann zu den verbitterten und verhärteten Alten zu gehören. Das ist ein hoffnungsloses Unterfangen.

MF: Wenn wir mit zunehmendem Alter nicht die Fähigkeit entwickeln, unsere Erfahrungen anzunehmen und uns mit ihnen auszusöhnen, können wir dann der jeweiligen Lebensphase, in der wir gerade stehen, überhaupt gerecht werden?

IR: Es ist eine Grunderfahrung, dass sich uns ein jeder Tag schließlich wieder entzieht. Das macht viele Menschen sehr unglücklich, für manche ist es sogar eine unerträgliche Herausforderung, der sie sich nicht gewachsen fühlen. Entscheidend ist es, die Einstellung dazu zu verändern. Denn es ist uns Menschen möglich, mit dem ständigen Wandel und somit auch mit dem großen Strom des Lebens, der auf das Meer zufließt, mitzugehen und manchmal sogar lustvoll mitzuschwimmen. Dabei ist es ganz entscheidend, sich dem Neuen jeweils zu öffnen, elastisch zu sein und das Alte loszulassen, ohne dabei zu verzweifeln. Dann bleiben wir auch in Verbindung mit dem größeren Strom des Lebens.

MF: Sind Sie der Meinung, dass der entscheidende Entwicklungsschritt im Alter darin besteht, sich zu öffnen?

IR: Genau um diese Öffnung geht es, sie ist mit zunehmendem Alter die Herausforderung und gleichzeitig die Notwendigkeit. Von Natur aus läuft jedem Lebewesen irgendwann einmal die Zeit davon, sie läuft ab. Wenn man sich dagegen auflehnt, verdirbt man sich damit völlig die letzten Lebensjahre. Wenn man das aber einsieht und wenn es gelingt, sich dieser Erfahrung zu öffnen und loszulassen, dann kann sich eine wunderbare innere Freiheit entwickeln. Das betrifft auch unser Verhältnis anderen Menschen gegenüber. Man kann dann niemandem mehr etwas endlos nachtragen. Das ist eine der Lebensaufgaben in dem Lebensspiel, in das wir alle verwickelt sind. Ich verdeutliche das oft damit, dass ich die Situation eines Besuchs bei einem alten Menschen schildere. Bei einigen alten Menschen fühlen wir uns nicht recht wohl, denn schon gleich am Anfang beklagen sie sich: „Ach, du kommst auch mal wieder!" Und es vergehen keine zehn Minuten und man ist mit Vorwürfen überschüttet. Das gesamte Gespräch dreht sich um die Darstellung ihrer Leiden und Enttäuschungen. Man besucht diese Alten nicht gerne und versucht, bald wieder gehen zu können.

Aber es gibt auch andere alte Menschen, die sehr offen sind. Man genießt es, bei ihnen zu sein, und schaut nicht auf die Uhr. Sie haben ein erfülltes Leben gehabt und haben es immer noch, ein Leben, das sie bejahen und gerne durchlebt haben. Man besucht diese anderen alten Menschen auch immer wieder und hofft, dass es noch lange möglich ist. Von diesen Menschen nimmt man vieles mit.

MF: Was meinen Sie damit konkret?

IR: Man nimmt etwas wie einen Atemzug von ihrer Freiheit und auch von ihrem Ja zur Vergänglichkeit mit. Man muss aber auch bedenken, dass alte Menschen schon deshalb stark im Jetzt leben, weil sie bereits sehr nahe an der zeitlichen Grenze ihres Lebens sind. Wenn ihnen das voll bewusst ist, wertet dies ihr Leben im Jetzt auf und sie versuchen, es noch bewusster zu leben. Ich kenne sogar Menschen, die aufgrund schlimmer Kindheits- und Jugenderlebnisse eine lebenslange Neigung zur Depression hatten, die sich im höheren Alter überraschenderweise eher abmilderte oder die sie sogar weitgehend verloren. Als wollten sie sich die letzten Jahre nicht verderben lassen – oder um es mit den Worten einer Betroffenen zu sagen: „Das war jetzt lange genug, jetzt habe ich eigentlich genug gejammert, ich will mich auch noch ein bisschen am Leben freuen."

Es gibt sogar Menschen, die von Schmerzen geplagt sind oder an einer unheilbaren Krankheit leiden und die sich doch bewundernswert damit arrangieren. Man kann von ihnen hören: „In diesem Moment tut mir nichts weh, jetzt ist es eigentlich für den Augenblick ganz gut." In solchen Situationen kommt etwas ganz Elementares in ihnen hoch. Parallel dazu gehen – wie gesagt – bei vielen die Bemühungen weiter, mit dem gelebten Leben ins Reine zu kommen und ihr Leben in Einklang mit sich selbst zu bringen. Einen gelungenen Abschluss kann einem niemand mehr nehmen. Am Ende geht es dann darum, noch jeder Stunde etwas abzugewinnen und sie bewusster zu leben. Natürlich kämpfen in jedem alternden Menschen die beiden Seiten miteinander. Denn sich von einem geliebten Menschen zu verabschieden, das schmerzt heftig. Daher verabschiedet man sich am besten in der Vorstellung, dass man sich höchstwahrscheinlich in diesem Leben noch einmal wiedersehen wird.

Man muss sich aber auch die Wut zugestehen, wenn ein Organ nicht mehr seinen Dienst tun kann oder wenn man keine Luft mehr kriegt. Dann kann man natürlich wie eine Lebenskünstlerin, die ich kenne, sich sagen: „Wie gut doch, dass ich bis jetzt Luft gekriegt habe!"

WEISHEIT UND NARRHEIT IM ALTER

MF: Es ist eine sehr große psychische Leistung, wenn es gelingt, solche Situationen anzunehmen. Die entsprechenden Menschen wachsen über sich hinaus und inspirieren damit bestimmt auch andere, auch jüngere Menschen.

IR: Wenn es gelingt, anzunehmen und loszulassen, kann sich so etwas wie Weisheit entwickeln, Lebensweisheit. Von solchen alten weisen Menschen geht dann etwas aus, das auch Jüngere als befreiend wahrnehmen. Es entwickeln sich dann immer wieder Situationen, in denen alte Verstrickungen aufgelöst werden können.

Diese Erfahrungen gab es auch schon in alten Kulturen. Wahrscheinlich galten die damaligen Alten nicht als senil, sondern als ganz wache Menschen. Ich halte es für wichtig, dieses Potential der Alten auch bei uns wiederzuentdecken. Dafür gibt es einige Ansätze: Die Alten sind Zeugen unserer Geschichte und werden oft als sogenannte Zeitzeugen befragt und geschätzt. Sie wissen auch noch über Traditionen und Bräuche Bescheid. Wenn sie etwas gebildet waren, kennen sie sich in der Literatur und in Religionsgeschichte aus, manche sind auch im Christentum verwurzelt. Dieses Wissen scheint auch zunehmend für die Jüngeren wichtig zu werden, die es nicht verlieren wollen. Sie fragen nach den Erfahrungen der Alten, wie sich Geschichte abgespielt hat und wie sie sich in schwierigen Situationen verhalten haben. Alte Menschen sind Kulturvermittler in die nächste Generation. In den alten Stammeskulturen war dies alles allerdings sehr viel übersichtlicher, denn diese weisen Alten wussten, was der Stamm durchlebt hatte und ihm wichtig war. Als Zeugen und Berater spielten sie für die Jüngeren eine große Rolle. Aber in dieser Situation kann bei uns der Einzelne auch für sein unmittelbares Umfeld wirksam werden.

MF: Gibt es dafür Vorbilder?

IR: Für mich verkörpert zum Beispiel Papst Franziskus vieles von einem weisen Alten. Er ist zwar noch nicht uralt, aber er bewegt sich auf die achtzig zu und er trägt die Verantwortung für die Kirche, was er auch als Mitverantwortung für die Welt versteht. Diese würde man keinem tattrigen Greis anvertrauen. Franziskus bringt bestimmte Fähigkeiten mit, die für sein Alter typisch sind. Dazu gehört eine gewisse Furchtlosigkeit im Blick auf die Meinung anderer, wenn er beispielsweise vermittelt: „Ich stehe ein für das, was ich meine, ob es anderen passt oder nicht." Ich habe die Phantasie, dass Franziskus sogar der Möglichkeit eines Attentats –

mit der ich nicht rechne – furchtlos ins Auge blicken und sagen könnte: in Gottes Namen. Er hat sein Leben gelebt und schon jetzt einiges bewirkt. Er wird sicherlich auch in den konservativen Vatikankreisen manches verändern, denn er bringt die Einstellung mit, nichts, was ihm wichtig ist, zu verschweigen. Unvergesslich seine Wortprägung vom „spirituellen Alzheimer" – und dies im Zusammenhang mit der Kurie.

MF: Sie meinen, dass er mit dieser Direktheit und Furchtlosigkeit die Freiheit des Alters verkörpert?

IR: Das genau ist die Freiheit des Alters. Dazu gehört aber auch, dass er sich verspricht und in etwa sagt: Man dürfe den Kindern schon einmal eine Ohrfeige geben. Das sollte man als Papst natürlich heute nicht sagen. Aber dies passiert Älteren natürlich auch deshalb, weil sie – zu jener Zeit ihrer Kindheit – alle einmal eine Ohrfeige bekommen haben. Als alter Mensch vertut man sich manchmal, indem man von etwas ausgeht, was zu der eigenen Jugend möglich und selbstverständlich war. Gerade hier liegt die Grenze bei der Übertragbarkeit von früherer Lebenserfahrung in die heutige Situation hinein, die eine ganz andere sein kann als die früherer Generationen.

Ich muss dabei aber differenzieren: Wenn Kinder wissen, dass ihre Eltern sie gernhaben, auch wenn sie manchmal aus Sorge um sie schier verrückt werden, dann richtet eine Ohrfeige auch heute nicht viel an. Aber als Papst darf man das nicht sagen. Es hat allerdings die sympathische Nebenwirkung, dass ein solcher Papst dabei als Mensch erkennbar wird, als Kind einer bestimmten Zeit und Kultur, also als eben nicht in allem unfehlbar.

Doch bin ich der Meinung, dass man als alter Mensch, wenn man nicht gerade Papst ist, auch einmal etwas Unbedachtes sagen und machen darf, was eben typisch für eine ältere Generation ist, die es anders machte – nicht immer schlechter als die jetzt Jungen.

Auch die alten Menschen bringen gute und schlechte Lebenserfahrungen mit, die sie eben geprägt haben.

MF: Sie haben in einem Ihrer Bücher über die Verbindung von Weisheit und Narrheit geschrieben. Was verstehen Sie darunter?

IR: Ich bin der Meinung, dass genau diese Verbindung wichtig ist. Narrenfreiheit bedeutet, auch einmal etwas zu tun oder zu sagen, von dem man weiß, dass es anderen völlig gegen den Strich geht. Man tut oder sagt es trotzdem, weil man davon überzeugt ist. Ich nenne ein Beispiel, das aus der Zeit stammt, in der die feministische Bewegung aufkam und ich an der Evangelischen Akademie tätig war: In einer Tagung wurde über die Auswirkungen des Patriarchats diskutiert. Man war sich einig, dass es das ganze Christentum und die ganze europäische Geschichte verformt und großes Leiden verursacht habe. Schließlich meldete sich eine Siebzigjährige – damals wirkten die Siebzigjährigen noch älter als heute – und sagte ganz ruhig: „Wenn ich das jetzt alles so höre, dann fällt mir aber auch ein, was wir alles dem Patriarchat verdanken. In unserer Menschheitsgeschichte waren es doch die Väter, die die wichtigsten Entdeckungen gemacht und die entscheidenden soziokulturellen Entwicklungen in Gang gebracht haben. Und wenn es auch nur deshalb so war, weil die Frauen noch gar nicht für Führungspositionen ausgebildet und nicht zugelassen waren. Aber in der Zeit haben eben die Männer die Entwicklungen vorangebracht." Dann setzte sie sich ruhig wieder hin und wartete gelassen auf die Reaktionen. Es wurde aber ganz still im Saal, die Atmosphäre recht nachdenklich.

Sie hatte mit der Autorität ihres Alters und ihres lebenslangen Nachdenkens gesprochen. Sie kannte sich zum Beispiel gut aus in den Vätergeschichten der hebräischen Bibel und hatte sie vielfach in Bibelarbeiten vermittelt. Ich konnte mir in diesem Moment ein Lächeln nicht verkneifen darüber, wie das nonkonformistische Wort einer einzigen Alten die ganze Gesprächsatmosphäre verändert und alle aus einer eifernden, einseitigen Patriarchatskritik herausgeholt und einen weiteren geschichtlichen Horizont eröffnet hatte.

Ich kannte die Siebzigjährige gut, sie war eine aufrichtige und bewusste Frau, die völlig hinter unseren feministischen Anliegen stand. Aber dann war ihr plötzlich dieser Gedanke gekommen, dass wir der kulturellen Leistung des Patriachats hier nicht gerecht würden, und sie sprach ihn aus – auch wenn es in dem Augenblick nicht opportun war. Aber es war wahr, denn die Menschheitsgeschichte ist ohne die Phase des Patriarchats – und wenn sie auch auf Kosten der Frauen ging – nicht denkbar. Das hängt damit zusammen, dass sich die Männer zu allen Zeiten freier bewegen und handeln konnten als die Frauen, die früher wegen der dichten Folge der Geburten, der Größe der Familien, die sie zusammenhalten und in vielem selbst versorgen mussten, fest eingebunden waren. Sie konnten aus diesen allzu dichten familiären Pflichten nicht aus- und aufbrechen, um die Welt zu entdecken und zu gestalten. Das war die Aufgabe der Männer, die sich dadurch eine große Machtposition, auch gegenüber den Frauen, aufbauten. Erst der soziokulturelle Strukturwandel der Moderne und Postmoderne erlaubt einer ganzen Generation von Frauen die qualifizierte Berufsausbildung und die Verbindung von Beruf und Familie. Die jüngeren Generationen können nun erproben, was Frauen über das Mütterliche hinaus alles können, was ihnen alles an Begabung und auch an Leitungs- und Führungsqualitäten gegeben ist. In früheren Generationen lag dies alles in der Hand der Männer. Insofern hatte die Siebzigjährige Recht: Wir können nun, nachdem die geschichtliche Entwicklung so lief, wie sie lief, nicht alles, was wir den Männern verdanken, ablehnen. Dies so unumwunden auszusprechen gehört zur Freiheit des Alters. Es ist alles andere als Narrheit.

Narrheit bedeutet hingegen, seine Defizite leben zu dürfen und auch einmal etwas vergessen, verlegen, ungeschickt ausdrücken zu können oder in den falschen Bus zu steigen. Narrheit hat aber nicht nur diese defizitäre Seite, sondern ermöglicht als Einstellung auch eine Offenheit und Direktheit, die nicht danach fragt, ob es allen gefällt oder passt, was man zu sagen hat. Papst Franziskus verkörpert dies auf recht eindringliche Weise.

MF: Er hat beispielsweise Appelle formuliert, in denen er darauf aufmerksam macht, dass es zu wenig Zärtlichkeit in der Welt gebe. Dem muss sicher jeder Psychotherapeut ausdrücklich zustimmen.

IR: Damit wendet er sich zugleich gegen die einschnürende, in manchem weltfremde Moral der Kirche. Und er richtet sich auch gegen ihr Machtgehabe und ihren Einfluss bis hinein in das Gemeindeleben. Dafür möchte ich ein aktuelles Beispiel aus der Schweiz erwähnen. In der ländlichen Innerschweiz gibt es einen sehr beliebten katholischen Pfarrer, der auch einen guten Zugang zur Jugend hat. In einem sehr entlegenen Dorf hat er einem lesbischen Paar den kirchlichen Segen gegeben. Die Folge war helle Empörung des zuständigen Bischofs. Der betreffende Pfarrer wurde aufgefordert, sein Amt niederzulegen oder zumindest sich versetzen zu lassen. Doch die ganze Schweizer Bauerngemeinde stellte sich hinter ihren Pfarrer und sagte: „Bei uns werden die Kühe gesegnet, wird der Misthaufen gesegnet, jede Milchkanne gesegnet, es wird doch wohl noch recht sein, dass ein menschliches Paar, das sich gerne hat, gesegnet wird." Sie wollen ihren Pfarrer nicht ziehen lassen. Gerade auch die alten Leute in seiner Gemeinde stehen hinter ihm und verteidigen das alte Sonderrecht der Schweizer Gemeinden, ihren Pfarrer selbst zu wählen und zu behalten. Vielleicht wird die Initiative des Franziskus, die Aktivitäten vor Ort zu fördern, solche Anliegen in Zukunft unterstützen?

C. G. JUNGS SICHT AUF DIE ZWEITE LEBENSHÄLFTE

MF: C. G. Jung hat sich viel mit dem Alter beschäftigt. Wie sah er diesen Lebensabschnitt?

IR: C. G. Jung hat in den 1930er-Jahren als Allererster die sehr interessante These aufgestellt, dass das Leben zwei erkennbare, komplementäre Hälften habe. Die erste dient dem Aufbau des Lebens in der äußeren Welt. Dazu gehört die Berufs- und die Beziehungsfindung, meist auch die Familiengründung, wobei mit dem allen auch eine gewisse Offenheit für die Welt verbunden ist. Daher sollte ein junger Mensch nicht zu introvertiert sein, damit er fähig ist, sein Leben aufzubauen. Für die einzelnen Lebensphasen und deren Ablauf benutzt C. G. Jung das Bild der Sonne: Wie die Sonne bis zum Mittag aufsteigt und ab 12 Uhr unweigerlich wieder sinkt, so ist es auch im menschlichen Leben. Diesen Zeitpunkt der Sonnwende im Lebenszyklus setzte er schon knapp vor vierzig an, allerdings setzte für die damaligen Generationen das Alter auch früher ein als heute.

MF: Hat dieses Bild des Aufsteigens und Sinkens der Sonne, die Vorstellung einer Sonnwende mitten im Leben, auch für die heutige Generation von Vierzigjährigen noch Bedeutung?

IR: Man kann bestimmt annehmen, dass bei Frauen um die vierzig auch heute die Fragen nach den Zeitphasen des Lebens aufkommen. Bei Männern hingegen wachsen in dem Alter vorerst nur die ersten grauen Haare. C. G. Jung hat insofern Recht, als man ab vierzig jedenfalls nicht mehr jünger wird. Er ist der Meinung, dass in dem Alter um vierzig das Wissen näherrückt, dass das Leben nicht ewig währt. Intellektuell weiß man das zwar, aber nun dringt es ins Lebensgefühl ein. Es schleicht sich eine Nachdenklichkeit ein, verbunden mit der Frage: Was will ich eigentlich gelebt haben, wenn es einmal zu Ende geht, und wo komme ich eigentlich selber in diesem Leben vor? C. G. Jung nennt es die „seelische Mittags-revolution", wenn man plötzlich existentiell erschrickt und wahr-nimmt, dass die Sonne, kaum auf der Mittagshöhe angelangt, wie-der zu sinken beginnt. Man ist deshalb noch lange nicht alt, aber man hat jedenfalls doch im biologischen Lebenszyklus den Zenit überschritten. Jungs Meinung nach, kommt es darauf an, dies zu erkennen und sich fortan intensiver um den inneren Menschen in einem selbst zu kümmern.

MF: Wie geht das? Wie kann man sich konkret um den inneren Menschen kümmern? Bedeutet das einen gewissen Rückzug aus dem Leben?

IR: Es geht nicht darum, das äußere Leben zu vernachlässigen, sondern von nun an auch die andere Seite zu berücksichtigen, dem inneren Leben Aufmerksamkeit zu schenken. C. G. Jung spricht in diesem Zusammenhang auch von Individuation. Sie ist verbunden mit dem Wunsch, ein eigener Mensch zu werden. Dazu gehört es, seine inneren Potentiale kennenzulernen und diese zu entfalten. Sich also nicht mit vierzig einfalten, sondern ausfalten. Der Weg dahin führt über die Wahrnehmung des eigenen Wesens oder der inneren Stimme, die man dann immer genauer wahrnimmt. Sie kann sich zum Beispiel auch über Träume äußern. Bei diesem im Inneren angelegten Leben spricht C. G. Jung gelegentlich auch vom Selbst als der potentiellen Ganzheit der eigenen Person, die den Radius des bewussten Ichs unermesslich überschreitet. Ihm gilt es, sich in der zweiten Lebenshälfte immer mehr anzunähern, auf einem Weg, der das Selbst wie das Zentrum eines Mandala umkreist.

Als Liebhaber der Berge benutzte Jung dabei auch häufig das Bild von der Dynamik der Bäche, die abwärts fließen. Wenn man älter wird, sei es nötig einzusehen, dass die Dynamik des Lebens gleich den Bächen nach abwärts, talwärts weist: Die Bäche wer-den dabei breiter, mächtiger und erfüllen ihren Sinn, fließen aber immer abwärts, nämlich in die Tiefe. Indem wir in der zweiten Lebenshälfte unser Inneres genauer wahrnehmen und den inneren Menschen ausfalten, verwirklicht sich auch vieles Neue im Äußeren, das jetzt gelebt werden will.

In der Zeit, als C. G. Jung diese Gedanken entwickelte, begann er übrigens gerade erst, seine entscheidenden Bücher zu schreiben und zu veröffentlichen. Er wurde erst in seiner zweiten Lebenshälfte der bedeutende Mann, den wir kennen.

Für die Beschäftigung mit seinem Inneren muss man sich in keine Mönchszelle zurückziehen, sondern vielmehr in Kontakt kommen mit der eigenen inneren Stimme, die auch die Stimme des bis dahin Unbewussten ist und ihm eben Stimme verleiht. Sie lässt sich vernehmen in Träumen, in Imaginationen, in Bildern, aber auch in unseren Sehnsüchten und Begegnungen. C. G. Jung meinte – und das gilt auch noch heute –, dass es nur wenige Menschen gibt, die ihr Inneres bewusst wahrnehmen, und dass auch diese kaum darüber sprechen. Eigentlich müsste es eine Art Schule für Vierzigjährige geben, die den Stoff der zweiten Lebenshälfte so erlernen wie Kinder in der Schule in ihren Lehrjahren über die elementaren Stoffe des Lebens lernen. In dieser Schule gäbe es Lektionen für den inneren Menschen.

DIE UNGELEBTEN, AUSGEGRENZTEN TEILE UNSERES INNEREN

MF: Entscheidend ist es also, in der Lebensmitte Zugang zu seinem Inneren, zur Psyche zu finden. Wieso ist das dermaßen wichtig?

IR: Die Hauptthese C. G. Jungs bestand darin, dass man in der ersten Lebenshälfte eine Identität aufbaut, die er Persona nennt. Von ihr hängt es ab, welche Eigenschaften ein Mensch entwickelt, wie er sich in der Welt wahrnimmt und auch wahrgenommen wird und welche Rolle er einnimmt. Über diese äußere Persona findet er indirekt aber auch Zugang zu seinem Inneren. Denn eines Tages beginnt er, genau die Seiten zu vermissen und zu suchen, die eben dieser Persona bitter fehlen. Bei ihrer Entwicklung wurden andere, ebenfalls in uns angelegte Seiten ausgeblendet und nicht gelebt. C. G. Jung ist der Meinung, dass man mehr ist als diese Persona mit ihren ausgeprägten Eigenschaften, weil man auch andere Seiten habe, sie aber eingeschränkt und in den Schatten verwiesen habe. Besser gesagt: Wir werfen immer einen bestimmten Schatten, weil wir so dastehen, wie wir eben jetzt sind. Wir erscheinen im Licht mit unserer Persona. Durch die Betrachtung des Schattens, den unsere bewusste Persona auch wirft, können wir den ausgeblendeten Seiten unseres inneren Menschen auf die Spur kommen.

Eine sehr aufschlussreiche Frage ist dabei: Was hatten wir eigentlich davon, gerade diese Persona sein zu wollen und das, was nicht zu ihr passte, in den Schatten zu verweisen?

MF: Es geht um den ungelebten Teil in unserem bisherigen Leben. Können Sie dafür einige Beispiele geben?

IR: Das Konzept der Persona ist therapeutisch relevant, weil wir bei Menschen mit Depressionen und anderen Verstörungen immer danach fragen können, was es eigentlich genau war, das blockiert wurde und was nicht gelebt werden durfte. Der sogenannte Schatten ist für uns also nicht das Böse, sondern vor allem das Abgewehrte. Er ist speziell das, was ich nicht sein will. Ein gutes Beispiel ist eine Frau, die zu mir sagte: „Mütterlich will ich nicht werden, den Quatsch habe ich an meiner eigenen Mutter gesehen. Das ist mir bis zum Speien über, das will ich nicht werden." Und dann setze ich an, indem ich sie frage, was bei ihr fehle oder ungelebt sei. Und dann kommt plötzlich heraus, dass sie eigentlich das warme, gesunde Mütterliche, das ihr gutgetan hätte, überhaupt nicht kennengelernt hatte. Sie hatte eine vereinnahmende Mutter gehabt, die immer nur wollte, dass sie nach ihrer Pfeife tanzte. Das ist dann im Grunde keine Mutter. An diesem Punkt gilt es, das eigentliche Ganze hervorzuholen.

Eine andere Frau erzählte mir: „Ich bin mit meinem Beruf verheiratet, ich kann mir überhaupt keine tragende Beziehung vorstellen." Sie fing aber an, gerade darunter zu leiden, und fiel in eine sanft beginnende, dann schwere Depression. In so einem Fall frage ich: „Was lehnen Sie denn eigentlich ab an einer Beziehung?" Und dann kommt heraus, dass sie noch nie eine beglückende Beziehung erlebt hat und es sich auch nicht zutraut. In einer starken Abwehr steckt häufig auch eine heimliche Sehnsucht. Man holt also genau das aus der Person heraus, was zwar in ihr enthalten ist, aber bisher zu kurz kam, so dass man sich nicht zu einem ganzen Menschen entwickeln konnte.

MF: Über die Abwehr kommt man solchen Ausgrenzungen und schließlich dem ganzen Problem auf die Spur?

IR: Im Sinne Jungs fragen wir zugleich nach der in diesem Fall ausgegrenzten Freude, Lebensfreude, wir konzentrieren uns in der Jung'schen Therapie nicht ausschließlich auf das leidvolle Problem, sondern suchen auch, die verbaute Freude wiederzuerwecken. Man kann dies dem Patienten manchmal nicht direkt vermitteln, sondern muss ihm helfen, seine ausgegrenzten Teile selber zu entdecken. Häufig sind dabei Träume hilfreich, durch die seine Sehnsüchte erkennbar werden. Hat der Patient diese entdeckt, wird er ein anderer Mensch. So kann etwa eine Frau, die sich ganz ihrem Beruf widmet, dann auch ihre Sehnsucht nach einer Liebesbeziehung zulassen und zunächst einmal eine herzliche Freundschaft mit einem Mann eingehen. Oder eine Frau, die ihre Mütterlichkeit ablehnt, kann doch für jemanden, den sie gerne hat, ein warmherzige Verantwortung übernehmen. Sie findet dann

Möglichkeiten, ihm Freude zu bereiten und kleine Geschenke zu machen. Es rundet und vervollständigt sich damit etwas, das vorher abgeschnitten war.

MF: Diese innere Zuwendung geht also über die Teile, die dem Ganzen fehlen. Gibt es auch andere Zugänge dazu als über Träume?

IR: Man erkennt diese fehlenden Teile über das sogenannte Unbewusste, das sich neben den Träumen auch in heimlichen Phantasien und Imaginationen zeigt. Solche inneren Bilder bringen bei einer Frau um die vierzig zum Beispiel eine blühende, zarte, schöne Blume hervor. Obwohl die Frau sie zuerst übersehen möchte, merkt sie auf einmal, dass sie selber doch auch noch einmal so aufblühen möchte. Sie merkt auf einmal, dass das Traumsymbol Blume sie selber meint. Diese andere Seite ihrer selbst war ja wirklich bis dahin unbewusst. Sie lernte sie erst durch das Bild in ihrem Traum kennen.

Bei dieser Suche nach dem Unbewussten kann man Patienten auch nach dem Kind fragen, das sie einmal waren und das unter Umständen sehr viel lebendiger und vielseitiger war, als sie jetzt sind. Diesem Kind waren möglicherweise Dinge verboten oder es eckte mit irgendeiner lebendigen Äußerung an, die dann abgelehnt und so vom Selbstbild abgetrennt wurde.

MF: Ab der Lebensmitte besteht also unsere Aufgabe darin, nach innen zu schauen. Wie kann man das jemandem vermitteln, der sich nicht auf eine Therapie einlassen will?

IR: Um ein ganzer Mensch zu werden, muss man keine Therapie machen. Man kann einem anderen Menschen sagen: „Ich glaube, es steckt noch mehr in dir." So etwas sagt man allerdings nicht einfach unvermittelt. Als Freundin weiß man beispielsweise um andere Seiten dieses Menschen, die man gelegentlich mit Freude bemerkt hat, derer er oder sie selbst sich aber gar nicht bewusst zu sein scheinen. Man empfindet es als schade, dass die Freundin diese Seiten nicht auslebt. In so einem Fall würde man beispielsweise sagen: „Als du vorhin hereingekommen bist, hattest du einen Schwung, der mir große Freude gemacht hat." Oder: „Wie du mir vorhin widersprochen hast, das hat richtig Kraft gehabt, das hat mir wirklich sehr gefallen, nicht, was du gesagt hast, sondern wie du es gesagt hast." So holt man diese anderen Seiten heraus.

Und wenn jemand in einer Depression steckt, muss man diese Seiten bei dem Menschen erst recht herauszuholen versuchen, weil er darüber wieder Geschmack am Leben findet. In jeder Freundschaft macht man das unwillkürlich, indem man sagt: „Gestern warst du so herrlich frech und das würde ich gerne wieder erleben." Und so holt man in einer guten Beziehung mehr aus dem anderen heraus, als er jetzt bereits bewusst lebt. Wenn jemand glücklich ist in dem, wie er lebt, würde man das allerdings nicht machen. Aber wenn man merkt, er traut sich beispielsweise nicht, die zarteren Töne zu zeigen, kann man sie vielleicht selber anschlagen.

MF: Wie erreicht man damit einen kraftstrotzenden Menschen, der glaubt, mitten im Leben zu stehen, sagen wir einmal einen Mann in einer Führungsposition, der auf Taten fixiert ist? Wie kann er Introversion und Selbstreflexion als Gegenpole annehmen?

IR: Auf keinen Fall durch eine Predigt. So ein Mensch wird in seiner Weise weitermachen, bis irgendetwas in seinem Leben passiert, und dann wird er den Gegenpol brauchen. Es kann sein, dass sein Geschäft einbricht oder irgendetwas anderes nicht gut läuft. Die Mitarbeiter lehnen sich vielleicht gegen ihn auf, es gibt große Auseinandersetzungen und dann merkt er selber, dass er sich auch fragen muss, ob etwas bei ihm nicht stimmt. Auf jeden Fall wird er auf seine tieferen Emotionen und Gefühle aufmerksam werden – auf sich selber eben. Obwohl ich weder als Therapeutin noch als

Freundin für alles verantwortlich bin, kann ich ihn darauf ansprechen, wenn es ihm schlecht geht und er über seine Probleme reden will. Im normalen Leben fordert man ihn dazu auf, einmal genauer über einiges nachzudenken. Wenn es im Team kracht, muss man allerdings etwas tiefer gehen. Vielleicht gibt er zu, dass er mitbeteiligt war an der Entstehung des Konflikts, und dann wird er sich schließlich sagen: „Was ist denn da eigentlich vorgefallen? Du musst dich doch selber ein bisschen besser kennenlernen."

BURNOUT –
WENN MENSCHEN AN IHREN BEDÜRFNISSEN VORBEILEBEN

MF: Sind Sie der Meinung, dass auch im Fall von Burnout Menschen nicht auf ihre innere Stimme hören und sich deshalb völlig verausgaben?

IR: Das Burnout-Syndrom ist ein ganz deutliches Zeichen dafür, dass Menschen an ihren Bedürfnissen vorbeileben. Irgendwann geht dann überhaupt nichts mehr und sie sind gezwungen, ihre eigenen Ressourcen und damit ihr Inneres wiederzuentdecken. Dazu ist nicht unbedingt ein Meditationskurs nötig. Sie müssen vielmehr danach Ausschau halten, was sie in ihrem Inneren vernachlässigt haben. Dieses herauszufinden, dabei helfen auch wieder die Träume. Sie führen uns auf die richtige Spur, zeigen uns unseren inneren Menschen, den wir verhungern und verdursten ließen. Auch die anderen Akteure auf der Traumbühne sind alles Bestandteile des eigenen Inneren. Sie sind sozusagen Teil des eigenen Lebensspiels. Daher ist das Bühnenbild, das Szenario des Traumes, sehr hilfreich, wenn jemand einen Mangel spürt und ihn beheben will. Es hilft ihm, zu erkennen, wie und was alles in seinem Leben mit hineinspielt, hilft ihm, sich selbst zu erkunden und wieder zu einem Gleichgewicht zu finden.

MF: Meinen Sie, dass sich Menschen diesen Fragen auch ohne Anleitung stellen können? Sind sie damit nicht überfordert?

IR: Hinter dieser Überzeugung steht der Glaube an eine Psyche, die sehr vieles selbst steuert. Wir Psychotherapeuten sind von der Selbstwirksamkeit der Psyche überzeugt, die Einseitigkeiten auszugleichen versucht.

MF: Ist es demnach die Psyche selbst, die eine beginnende Unausgewogenheit auszugleichen versucht?

IR: Unsere Psyche kann genau wie unser Körper vieles ausgleichen. Wenn man beispielsweise auf der linken Seite hinkt, dann neigt sich der Körper automatisch nach rechts. Genauso versucht die Psyche eine Balance zu finden. Diese lässt sich aber nur dann herstellen, wenn die Störungen im Gleichgewicht überhaupt wahrgenommen werden und wenn sie nicht zu groß und zu tiefgreifend sind. Das ist individuell sehr unterschiedlich. Ich möchte das am Thema Burnout verdeutlichen: Wenn Sie nur noch arbeiten, dann schreit etwas in Ihnen nach Urlaub. Wenn Sie sich den Urlaub dann nicht zugestehen, brechen Sie irgendwann zusammen, werden vielleicht ein Opfer der nächsten Grippewelle. Der Körper und die Seele sehnen sich nach einer Auszeit. Jetzt, als Kranker, haben sie gegenüber der Außenwelt endlich das Recht dazu, sie sich zu nehmen. Der kritische Punkt dabei ist, dass in unserer Gesellschaft scheinbar erst eine Krankheit oder gar der Tod als Rechtfertigung akzeptabel ist. Daher werden viele Menschen unbewusst krank, da sie keinen anderen Ausweg sehen, aus dem Ungleichgewicht herauszukommen. Gesellschaftlich läuft hier sehr vieles schief. Die Gleichgewichtssteuerung der Psyche kann hier nicht so wirken, wie es C. G. Jung für nötig hielt. Das scheint aber noch immer nicht bekannt genug zu sein, das ändert sich aber gerade mit der Beachtung, die das Burnout in der Öffentlichkeit findet.

MF: Es ist sehr bezeichnend, dass Burnout gesellschaftlich „erlaubt" ist. Es ist fast schon etwas Positives, wenn man sich zu Tode arbeitet. Eine Depression dagegen ist mit einem Makel behaftet, da ist man ein Versager, und bei einem Burnout ist man ein Held!

III.

ENTWICKLUNGSCHANCEN UND -AUFGABEN DES MENSCHEN

MF: „Frau sein – Mensch bleiben" – diese Gegenüberstellung, wie sie in einer Schlagzeile formuliert wurde, empfand ich zunächst als absurd. Doch was macht die weibliche Identität aus? Und was sind die spezifischen Entwicklungsaufgaben von Frauen?

IR: Mir scheint, dass dieser Ausspruch die Tatsache anspricht, dass viele Frauen zu sehr in der Rolle aufgehen, für andere Verantwortung zu übernehmen und für sie zu sorgen. Denn diese Art der Fürsorge entwickeln sie nicht nur gegenüber ihren Kindern, sondern auch gegenüber ihren Partnern. Frauen rutschen ihnen gegenüber allzu leicht in die Mutterrolle hinein und verkörpern dann für den Mann auch in gewisser Weise seine eigene Mutter. Dieses starke Für-andere-da-Sein gehört sicher zu den Stärken von Frauen, aber es besteht dabei auch die Gefahr, dass sie sich dabei nicht in ihrer menschlichen Ganzheit entfalten können, dass sie das vielleicht nicht einmal richtig merken.

Nach wie vor ist es für Mütter eine spannungsreiche Aufgabe, ihren Beruf so auszufüllen, dass sie ein eigenes Profil entwickeln und einer verantwortungsvollen beruflichen Aufgabe gerecht werden. Mit mehreren Kindern ist das sogar ein ausgesprochenes Kunststück, Beruf und Familie gleichermaßen unter einen Hut zu bringen. Frau zu sein beinhaltet das Für-andere-da-sein und damit auch potentiell, Mutter zu sein.

Wie lässt sich aber die Rolle der Mutter damit verbinden, als Frau zugleich sein volles Potential an Menschsein zu entfalten? Da stellt sich konkret die Frage: Was ist nötig, damit Frauen am öffentlichen Leben teilhaben können, und wie viel Mut müssen sie aufbringen, um ihr persönliches Potential zu entwickeln? Ich hatte eine künstlerisch begabte Freundin, die gleichzeitig auch eine begeisterte und liebevolle Mutter war. Sie rang ständig mit dieser Herausforderung. Denn gerade schöpferisches Arbeiten absorbiert die Aufmerksamkeit für Stunden, und es ist dann unmöglich, alles liegen zu lassen, wenn die Kinder schreien. Ich denke, das sind die Grundthemen für Frauen. Wenn wir aber die Fürsorge für andere ganz fallen ließen, würden wir das Frausein verraten.

MF: Sie hatten immer schon große Sympathien für die Frauenbewegung, deren Anliegen es auch war, das traditionelle Mutterbild zu überwinden.

IR: Unbedingt. Leider gingen aber manche Feministinnen in ihren Positionen so weit, dass sie diesen spezifischen Aspekt des Frauseins verleugneten. Diese oft sehr kämpferisch vorgetragene Einstellung ging schließlich auf Kosten der Partnerschaft. Mir scheint aber, dass sich das eingependelt hat. Noch nicht eingependelt hat sich, dass Frauen es vernachlässigen, sich selber eine Mutter zu sein, dass sie kein rechtes Gleichgewicht finden zwischen dem Muttersein für andere, zu dem sie sich verpflichtet fühlen, und dem Muttersein sich selbst gegenüber, zu dem sie sich ermächtigen sollten.

Viele vertreten die Auffassung, dass Frau zu sein in ein größeres Ganzes integriert sein muss, indem die Männer die Verantwortung und die Aufgaben, die Frauen für andere übernehmen, mittragen.

ZUM WANDEL DER GESCHLECHTERBEZIEHUNGEN

MF: Frauen kämpfen schon sehr lange für ihre Rechte. Haben Sie den Eindruck, dass sich zwischen den Geschlechtern etwas verändert hat?

IR: Es hat sich etwas verändert. Natürlich nicht bei allen, aber das ist immer so. Aber bei bewussten Menschen hat sich schon etwas verändert. Viele Männer möchten heutzutage etwas von ihren Kindern haben und verbringen mehr Zeit mit ihnen. Diesem Bild, dass der Mann morgens in die Arbeit geht, dann abends erschöpft zurückkommt und seine Kinder ihn kaum kennen, wollen viele Männer nicht mehr entsprechen. Die heutigen Männer suchen in Frauen nicht mehr nur die dienende Gefährtin, sondern vor allem ein Gegenüber. Die Tragik vieler Frauen besteht nun darin, dass sie oft allein die Rolle der Mutter ausfüllen und für die Beziehungen innerhalb der Familie zuständig sind. Das führt dazu, dass sie sehr bald auch gegenüber den Männern die Mutterrolle einnehmen. Sobald Kinder da sind, werden sie dann womöglich auch vom Partner nur noch „Mutter" genannt. Das aktiviert genau wieder deren Vorerfahrungen mit den eigenen Müttern. Damit verringert sich die erotische Spannung und die Frauen sind dann weniger Geliebte und lassen sich immer mehr auf die Rolle der Mutter reduzieren. Das mütterliche Arbeitstier wird schließlich immer unzufriedener und irgendwann auch ungerecht. Wenn die

Männer abends erschöpft nach Hause kommen, ist es schwierig, ihnen einen Teil der Hausarbeit aufzuerlegen. Das ist noch heute die typische, ungünstige Entwicklung. Wenn Frauen einen eigenen Beruf haben, den sie lieben, lässt sich dieses Ungleichgewicht leichter vermeiden. Dann ist es klar, dass Aufgaben, die im Haushalt und in der Familie anfallen, geteilt werden müssen, denn sie können nach der Arbeit nicht auch noch alle Familienaufgaben allein erledigen. Ich kenne auch in meinem Alter einige Paare, die sich gegenseitig unterstützen. Das klappt sehr gut, und die Arbeit ist gemeinsam auch schnell erledigt.

MF: Wenn eine Frau in ihrem Partner plötzlich Erinnerungen an die eigene Mutter aktiviert – bei der Frau umgekehrt vermutlich die Erinnerung an den eigenen Vater vom Partner ausgelöst werden können: Wie schafft man es in der Partnerschaft, nicht alten Mustern zu folgen und keine Ehe zu mehreren, mit allen Eltern und womöglich noch Schwiegereltern, zu führen?

IR: Das kann man schaffen, wenn man will. Je nachdem, wie die Mutter oder der Vater waren, schwärmen manche ein Leben lang von ihnen. Das ist dann auf jeden Fall günstiger, als wenn es viele negative Erfahrungen gab. Im ersten Fall muss die Frau dem hohen mütterlichen Ideal des Mannes gerecht werden. Im zweiten Fall kann es ihr passieren, dass der Mann seine schlechten Erfahrungen auf sie projiziert und ihr vorwirft, genauso wie seine Mutter zu sein. Aber es ist möglich, dass man in der Partnerschaft diese Problematik gemeinsam auflöst. Hilfreich ist das heute weit verbreitete psychologische Grundwissen darüber, dass man Vater und Mutter in die eigene Beziehung mit hineinbringt und wie man die eigene Partnerschaft davon unterscheidet und befreit. Man findet es in jedem Ratgeber für Lebenshilfe. Manche spotten zwar darüber, aber es finden sich wirklich sehr gute psychologische Bücher über diese Problematik.

Viele Paare reden heute auch mehr miteinander als früher und wollen sich gemeinsam entwickeln. Es ist geradezu eine gewisse Kultur des An- und Aussprechens von solchen Themen entstanden. Man ist auch bereit, ein neues Modell der Gegenseitigkeit zu leben, weil man sonst nichts voneinander hat. Dieser Wunsch nach Gemeinsamkeit ist sehr groß. Wenn es Probleme in der Beziehung gibt, sollte man überlegen, ob es sich dabei auch um ein von den eigenen Eltern übernommenes Muster handelt, das in die Situation mit hineinspielt. Man projiziert vielleicht etwas in den Partner hinein, das aus der eigenen Familiengeschichte herrührt und nicht aus der aktuellen Situation. Daran kann man gemeinsam arbeiten, es braucht allerdings Zeit. Ich bin der festen Überzeugung, dass es ohne ein bewusstes An- und Aussprechen dieser Themen nicht geht.

MF: Wie kommt es zu diesen Projektionen, was ist der Grund dafür?

IR: Man trägt ganz automatisch die Erfahrungen, die man als Kind und Jugendlicher in der eigenen Familie gemacht hat, und wie man den Vater und die Mutter erlebt hat, in die eigene Beziehung hinein. Das führt manchmal sogar dazu, dass manche keine eigene Beziehung wagen, weil es zwischen den Eltern so schrecklich zuging. Andere Frauen wiederum scheitern daran, eine stabile Beziehung zu einem Mann aufzubauen, wenn der Vater für das Mädchen ein hohes Ideal war, dem später kein junger Mann genügen konnte. Es gilt gleichermaßen für Mann und Frau, dass sie sich von den Bildern des anderen Geschlechts lösen müssen, die sie aus ihrer Familiengeschichte mitgebracht haben. Es geht dabei nicht nur um die Lösung von den alten Bildern. Es ist wichtig, beweglich zu werden, um Gestaltungsfähigkeit entwickeln zu können und Neues auszuprobieren, das zu einem passt. Ich habe auch in meiner Generation sehr gute Ehen erlebt, auch in meiner eigenen Familie. Die Ehen aller vier Geschwister, einige sind bereits verstorben, waren gut.

MF: Es gelang also sogar in der älteren Generation einigen wenigen, sich von einengenden Bildern zu verabschieden und neue Handlungsoptionen zu entwickeln. Wie steht es mit der heutigen Generation? Ist das für sie schwieriger?

IR: Das ist heute eindeutig leichter als früher, zumal in der allgemeinen Öffentlichkeit mehr Bewusstheit verbreitet ist. Es gibt viele Menschen, die sich mit diesen Themen auseinandergesetzt haben. Diese Entwicklung wird auch weitergehen, allerdings nicht mehr so stürmisch wie in der Zeit der Frauenbewegung. Manche Tore wurden geöffnet und bleiben weiter geöffnet. Es gibt inzwischen viele Erkenntnisse, die ausgesprochen werden dürfen. Im Prinzip ist es heute selbstverständlich, dass Frauen ernst genommen werden wollen und müssen und dass man auf Augenhöhe mit ihnen umgeht. Viele Frauen haben es auch gelernt, ihre Positionen und Rechte stärker einzuklagen. Dabei ist es noch immer wichtig, diese nicht auf Kosten des Frauseins durchzusetzen. Der Grundwert des Weiblichen sollte anerkannt und selbstverständlich sein, ebenso die Wichtigkeit der Beziehungsarbeit und der Fürsorge für andere, die Frauen leisten.

DIE POTENTIALE VON FRAUEN

MF: Welches sind die besonderen Ressourcen und Potentiale von Frauen?

IR: Ich glaube, dass die heutigen Frauen, selbst wenn sie keine Kinder haben, durch eine lange Reihe an Frauengenerationen vor ihnen geprägt sind und dass sie ähnliche Verhaltensweisen und Fähigkeiten wie diese mitbringen. Dazu gehört beispielsweise, dass Frauen als Mütter – viel mehr als Väter – Bedürfnisse von Wesen erkennen, die sich sprachlich noch nicht ausdrücken können. Sie können deren Bedürfnisse erkennen, sie erfüllen und dabei Freude empfinden. Frauen können sich auch darin verwirklichen, dass sie ein jüngeres, bedürftiges Wesen aufrichten, aufziehen und anleiten. Deshalb sind auch alle Berufe, bei denen es um die Fürsorge für Kinder geht, sehr weiblich geartete Berufe, die auch von sehr vielen Frauen gewählt werden.

MF: Es wird viel von Empathie gesprochen. Man findet viele Formen gerade auch in der Psychologie. Sind Frauen empathischer?

IR: Sie sind vielleicht etwas empathischer als Männer. Wobei dies individuell sehr verschieden sein kann. Es gibt Männer, die über wesentlich mehr Empathie verfügen als manche Frauen. Diese hoch empathischen Männer hatten oft Mütter mit einem großen Einfühlungsvermögen. Man kann diese Aussage also nicht generalisieren. In Bezug auf Generationen meine ich aber, dass bei Frauen noch heute die Fähigkeit zur Empathie stärker entwickelt ist. Denn es gehört über die Generationen hin zu ihrer Natur, auch ohne sprachlichen Ausdruck der Babys auf die Bedürfnisse der kleinen Wesen eingehen zu können, die sie geboren haben. Frauen widmen dieser intensiven Zuwendung wesentlich mehr Zeit als Männer. So können Männer, die oft durch viele Außenanforderungen nicht ständig bei den Kindern sein können, diese Qualitäten von Empathie nur schwer entwickeln.

MF: Aber viele junge Männer nehmen jetzt vermehrt Elternzeit in Anspruch oder arbeiten in Teilzeit, um ihren Kindern näher sein zu können. Wie sehen Sie diese Entwicklung?

IR: Dafür habe ich ein beeindruckendes Beispiel. Ich kenne einen jungen Arzt, der durch lange Praktikumszeiten in Kliniken sehr gefordert war. Als aber sein Kind geboren wurde, wollte er sofort Elternzeit in Anspruch nehmen, um die Entwicklung des Kindes intensiver miterleben zu können. Nun hat er als Arzt einen Beruf, der an sich schon mit der Sorge um den Menschen zu tun hat und damit, Empathie zu entwickeln. Auf der anderen Seite ist es ein sehr anspruchsvoller Beruf. Ich war sehr beeindruckt, dass er es als Assistenzarzt wagte, Elternzeit in Anspruch zu nehmen, also in einer Phase, in der viele üblicherweise sehr auf ihre Karriere bedacht sind. Aber das Kind war ihm wichtiger als ein schnelles berufliches Vorankommen. Und er dachte dabei auch an seine Frau, die ebenfalls Ärztin war. Er äußerte mir gegenüber: „Es geht nicht, dass sie in ihrem beruflichen Vorankommen blockiert ist und ich beruflich durchstarte. Wir machen beide langsamer, weil wir Freude an dem Kind haben wollen."

DIE BESONDERE ROLLE DER GROSSELTERN

IR: Die Frage ist immer, wo die Kinder während der Arbeitszeit bleiben. Und da sind Großeltern sehr gefragt. In meinem ganzen Bekanntenkreis kümmern sich die Großeltern mit großer Aufmerksamkeit um ihre Enkel. Wir haben bereits darüber gesprochen, dass viele der jungen Alten nach der Zeit ihrer Berufstätigkeit eine Aufgabe suchen, eine, die sie innerlich erfüllt. Viele erzählen mir über ihre unbändige Freude, wenn ein Enkelkind geboren wird. Sie erinnern sich dann oft auch an die wichtige Rolle, die ihre eigenen Großeltern spielten. Einige kommen sogar zu dem Schluss: „Wenn ich nur meine Eltern gehabt hätte, weiß ich nicht, wie gut ich über die Runden gekommen wäre, besonders in meiner Kindheit und Jugend, was ohne die Großeltern aus mir geworden wäre."

Viele erzählen von der tiefen Bindung, die sie zu ihrer Großmutter oder zu ihrem Großvater hatten, und welches tiefe Gefühl des Getragenseins die Großeltern vermittelten. Gerade wenn sich noch junge Großeltern, wie manchmal auch ältere, um ihre Enkelkinder kümmern, gibt es aber das Problem, sich nicht gänzlich von dieser Aufgabe auffressen zu lassen. Diese Gefahr ist nicht gering, darauf müssen Großeltern selbst achten. Manche lassen sich auch richtiggehend ausnutzen, denn es gibt junge Eltern, die ganze Berufsausbildungen sowohl finanziell wie auch zeitlich auf Kosten der Großeltern machen.

MF: Wie sieht denn gute Großelternschaft aus?

IR: Das Enkelkind sollte völlig das Gefühl haben, wirklich willkommen zu sein, wenn es bei den Großeltern ist. Natürlich müssen konkrete Betreuungszeiten vereinbart werden, das geschieht auch meistens. Vor allem geht es aber darum, dass die Kleinen ihre Großeltern wirklich kennenlernen können. Das ist manchmal nicht ganz einfach, wenn sie nicht alle in der gleichen Stadt leben. Dann ist es ideal, wenn die Großeltern wenigstens gut erreichbar und die Enkelkinder ab und zu am Wochenende oder in den Ferien bei ihnen sind.

Großeltern sind – wie schon zu allen Zeiten – auch heute oft diejenigen, die den Enkeln die größeren Lebenszusammenhänge vermitteln. Die Eltern haben oft nicht den Kopf oder die Zeit dafür, da sie stark mit allem, was im Alltag zu bewältigen ist, eingespannt sind. Die Großeltern erzählen aber nicht nur von ihrer persönlichen Geschichte oder von der Geschichte der Familie – das wäre schon viel! –, sondern auch über die große Geschichte, die Zeitgeschichte. Heranwachsende Enkel interessieren sich sehr dafür, wie es früher war. Das ist ein wunderbares Erlebnis für beide Seiten: „Wie war das damals, welche Autos seid ihr gefahren, seid ihr überhaupt schon Auto gefahren?" Oder: „Wie war das im Krieg, wie habt ihr das überhaupt überstanden?" Oder als Rückfrage an die 68er: „Habt ihr wirklich in den Vorlesungen Zeitung gelesen und alle die Babys und Hunde dabei gehabt?" Ich habe das übrigens selbst als Dozentin erlebt, dass Studenten mit Kindern, Hunden, Strickzeug und Tageszeitung in die Vorlesung kamen. Damit signalisierten sie einem dann auch, ob die Vorlesung spannend oder langweilig war. So etwas hören Enkel gerne! Sie können es sich jetzt, wo an der Universität alles stärker verschult ist, gar nicht vorstellen, dass ihre Großeltern strickend und Katzen streichelnd in den Vorlesungen gesessen hatten.

MF: Früher wohnten oft mehrere Generationen zusammen. Ist es heute überhaupt vorstellbar, die alten Eltern zu sich zu nehmen?

IR: Meine Großmutter wohnte noch bei uns. Sie war, wie ich bereits erzählte, unmittelbar vor meiner Geburt Witwe geworden. Es war früher üblich, dass die Großmutter immer dabei war und bei der Familie wohnte. Heute ist es schon auch noch vorstellbar, wenn das Haus groß genug ist. Bei einem Paar mit nur einem Kind nähme aber die zusätzliche Person ein unglaublich großes Gewicht ein. Wir waren mit fünf Kindern und zwei Eltern allein schon sieben Leute. Da fiel die Oma im Grunde gar nicht auf, wenn sie auch noch bei uns mitlebte. Wenn die Oma dabeisaß, hatte sie und hatten wir immer einen Bezugspunkt. Wir hatten zudem die eine geräumige Haushälfte eines Zweifamilienhauses für uns. Als meine Großmutter ihre eigene Wohnung endgültig durch den Bombenkrieg verlor, zog sie in eines unserer Zimmer. Dadurch war sie immer anwesend und ist ja sogar bei uns in der Familienwohnung gestorben. Ich glaube nicht, dass so etwas heute gar nicht mehr möglich ist. Es kommt auf die Raumverhältnisse an.

Es ist für alle eine gute Sache, für Großeltern wie Kinder, wenn sie zusammenleben können, so meine ich aus jener eigenen Erfahrung doch zu wissen. Wenn es eine enge Familienbindung gibt, müssen die Alten meistens auch nicht in ein Altersheim. Es gibt zudem noch einen anderen positiven Aspekt: Wenn die Großeltern in eine Kleinfamilie integriert sind, neutralisiert dies auch die Vorstellung, dass Mann und Frau nur so sein können wie die eigenen Eltern waren. Großeltern lassen heranwachsende Kindern Varianten des Frau- oder Mannseins erleben. Wenn ich beispielsweise nur meinen Vater als Vorbild gehabt hätte, wäre mein Männerbild einseitiger geprägt gewesen als auch noch durch meinen Großvater zum Vergleich, der ein ganz anderer Mann war, ein großer Freund von Vögeln, denen er sogar in seinem Arbeitszimmer im Landgericht noch einen Platz zu reservieren wusste.

VOM GLÜCK DES ERINNERNS UND ERZÄHLENS

MF: Sind Großeltern, weil sie meistens gelassener sind, für die Kinder und die Familie eine Art Ruhepol?
IR: Sie können es oft sein, auch weil sie erzählen können. Wenn man Großeltern hat, die gerne erzählen, ist dies ein großes Glück. Sie können einem, wie bereits gesagt, größere Zusammenhänge, auch zeitgeschichtliche, vermitteln. Vielleicht bringen sie den Enkeln auch die Kultur nahe, indem sie beispielsweise mit ihnen zusammen eine Ausstellung besuchen oder miteinander musizieren. Unabhängig von der jeweiligen Bildungsschicht kann jeder ältere Mensch etwas einbringen, beispielsweise von den Büchern erzählen, die ihm wichtig waren, und damit auch das Wissen über die ganzen Klassiker der Literatur weitergeben.

Ich weiß von Großeltern, die ihren Enkeln die ganze Odyssee vorlesen, andere wiederum erzählen Märchen oder lesen auch aus der Bibel vor, die heute immer weniger bekannt ist trotz der wahrhaft aufregenden Geschichten, die sie enthält. Von Großeltern erfahren die Enkel auch, wie man früher etwas gestaltete oder wie man mit etwas umging, beispielsweise wie man Weihnachten feierte oder eine Beerdigung beging. Das sind alles Erzählungen, die zur Bewahrung einer größeren, gemeinsamen Kultur beitragen. Aber auch ganz einfaches Erzählen tut gut und bringt Ruhe in das Familiengeschehen. Heute Morgen erhielt ich die E-Mail einer Frau, in der sie von ihrer in dem Fall recht schwierigen Großmutter berichtet: „Da wurde mir auf einmal bewusst, dass meine Großmutter auch etwas Schönes hatte. Mir fiel nämlich ein, dass wir miteinander Geschichten erfunden haben." Diese Großmutter, die manchmal nah an der Psychose war, konnte dennoch mit dem Enkelkind zusammen interessante Geschichten erfinden. Und das, glaube ich, ist genau das, worauf es ankommt, wenn man als Kind mit den Großeltern zusammen ist: Sich erzählen zu lassen und spielerisch zusammen zu sein, auch einmal zu malen und etwas zu gestalten.

Als mein eigener Vater jenseits der achtzig war und noch immer gerne spazieren ging, nahm er oft das jüngste Enkelkind in den Wald mit. Wenn ein Baum umgestürzt war, dann fragte mein Vater immer: „Hast du den wieder mit deinem Rädle umgefahren?" Und die Enkelin widersprach dann ihren Opa mit aller Heftigkeit, fand überzeugende Gründe, warum sie das nicht gewesen sein konnte – gerade weil sie ja merkte, dass er Spaß machte. Sie machte nur zu gerne mit bei dem Spiel. Und sie erzählten beide später immer wieder davon. Als der Großvater dann krank und auch etwas unbeweglich wurde, war diese Enkelin diejenige, die ihn nie im Stich ließ. So eine Beziehung basiert lebenslang auf Gegenseitigkeit.

MF: Wir sprachen schon ausführlich davon, dass es darauf ankommt, ein ganzer Mensch zu werden: Ist diese Fähigkeit zu erzählen für Sie auch etwas, das unbedingt zum Menschsein gehört?

IR: Da bin ich mir sicher. Und es müssen nicht nur überlieferte Geschichten erzählt werden, es können auch ganz einfache Erlebnisse sein. Es geht darum, das Erlebte zu vergegenwärtigen und ihm eine Bedeutung zu geben. Das bildhafte Vergegenwärtigen sorgt darüber hinaus auch dafür, dass das Erlebte und damit das eigene Leben nicht verloren und vergessen wird. Ich glaube, das ist überhaupt der Clou am Erzählen aus der eigenen Lebensgeschichte: Einerseits würdigen wir etwas, indem wir uns daran erinnern, andererseits geben wir dem durch unser Erzählen auch eigene, neue Akzente. Dies gehört zu den wichtigsten Erkenntnissen der heutigen Gedächtnisforschung: Beim Erinnern reproduzieren wir nicht nur, wir kreieren auch, es handelt sich vielmehr um eine schöpferische Tätigkeit. Je nach der Stimmungslage, in der man sich gerade befindet, erzählt man immer wieder anders und etwas anderes. Dabei wird aber nicht verbogen und gelogen, sondern das vollzieht sich ganz unwillkürlich. Denn jedes erlebte Ereignis enthält einen derartigen Reichtum an Nuancen, dass immer nur das erzählt werden kann, was im Augenblick des Erzählens am bedeutsamsten erscheint, auch für die damit verbundene Emotion. Dadurch wird nichts auch nur im Geringsten verfälscht. Was also am Erlebten wichtig erscheint, hängt mit der momentanen Stimmung oder Einstellung des Erzählenden zusammen und kann zu einem anderen Zeitpunkt sich wieder anders darstellen.

MF: Erinnerungen sind sich also niemals gleich?

IR: Keinesfalls deckungsgleich. Das ist das Ergebnis der Gedächtnisforschung. Unsere Erlebnisse haben viel mehr Nuancen, als wir jemals erzählen können. Wir greifen immer nur einzelne, unterschiedliche Aspekte heraus. Manchmal will man das Positive erzählen, das nächste Mal geht es vor allem um das Kritische, das in dem Erlebten ebenfalls enthalten war, und wieder ein anderes Mal um eine ganz andere Fragestellung.

So war die Frau mit der schrecklichen Großmutter zunächst auf das Negative fixiert gewesen und hatte dabei jahrelang, wie sie sagt, vergessen, dass die gleiche Großmutter mit ihr zusammen auch Geschichten erfunden hatte und sie mit ihr also auch Positives erlebt hatte. Sie hatte bis dahin vor allem ein verdunkeltes Bild ihrer Großmutter gehabt, die wohl auch außerordentlich moralistisch in manchem und fast fanatisch gewesen war, deshalb auch bedrückend für das Kind. Und plötzlich taucht, während sie Jahre später mit einer Grippe das Bett hütet, in der Erinnerung der Frau eine andere Großmutter auf, die in ihrer Kindheit auch an ihrem Bett sitzen und Geschichten erfinden und erzählen konnte, eine Großmutter, zu der sie vorher lange Zeit gar keinen Zugang mehr gehabt hatte. Dass sie das positiv Erinnerte dann auch noch in der E-Mail an mich in Worte fasste, verstärkte die Wirkung.

MIT DEM LEBEN INS REINE KOMMEN

MF: Welche Bedeutung haben Erinnerungen für alte Menschen?
IR: Alte Menschen haben ein großes Stück Leben hinter sich und deshalb besonders vieles, an das sie sich erinnern können. Zum anderen liegt nicht mehr so viel Zukunft vor ihnen und sie wissen nicht, wie lange ihr Lebensweg noch sein wird. Die Zukunftsperspektive also verkürzt sich, während die Vergangenheitsperspektive sich verlängert und erweitert. Sie können sich nicht mehr etwas ganz Großes vornehmen, wie sie es vielleicht noch mit vierzig taten. Der Schatz des gelebten Lebens ist damit größer als die Zukunftserwartung. Die Erinnerung kann dann etwas sehr Wertvolles und Wohltuendes sein, denn durch sie beginnt dieser Schatz zu leuchten. Vor allem die Zeit der Kindheit strahlt bei vielen in der Erinnerung auf. Für Kriegskinder stellt sich das allerdings

etwas differenzierter dar. Für mich selbst sind in der Erinnerung an die Kindheit Freuden und Schrecken gemischt, weil ich vor und auch nach dem Krieg eine gute Zeit hatte und viel Schönes erleben durfte. Und auch der Krieg hatte für mich neben den schlimmen Momenten auch solche von Glück, von glücklichem Wiedersehen und dankbarem Wieder-Beisammensein. Das intensivierte das Erlebte noch.

MF: Gehört es zu den Aufgaben im Alter, diesen Schatz der Erinnerungen wachzuhalten?

IR: Die Aufgabe besteht darin, den Schatz zu heben und vor allem auch die Störelemente, die es in jeder Kindheit, in jeder darauffolgenden Lebensphase gibt, zu integrieren, so dass man mit seinem Leben ins Reine kommt. Erik H. Erikson, der erste große Lebensphasenforscher, sprach der Fähigkeit zur Integration eine überaus wichtige Funktion im Alter zu – es ist für ihn die eigentliche Fähigkeit, den auch möglichen Lebensüberdruss in Schach zu halten. Das ist jedenfalls ein Bedürfnis vieler Menschen. Durch dieses Bedürfnis entsteht auch eine Tendenz, die positiven Momente, in denen man etwas überwand und Glück empfand, stärker zu betonen als die negativen Momente. Die Verluste schmerzen natürlich, aber im Alter gibt es das starke und gesunde Bedürfnis nach einer inneren Versöhnung mit dem eigenen Leben. Dementsprechend werden die Erinnerungen gewichtet.

Darum handelt es sich auch bei der Lebensrückblicktherapie: Es geht da um das Erzählen des eigenen Lebens vor einem anderen Menschen, zu einem anderen Menschen hin, sozusagen gegenüber einem Zeugen. Wir schätzen dabei das Erzählen als noch heilsamer ein als das Niederschreiben der Erinnerungen. Memoiren sind zwar auch hilfreich, aber das Erzählen hat einen größeren therapeutischen Wert, weil dabei auch die Emotionen sehr stark aktiviert werden. Ein Gegenüber kann dabei helfen, die damit verbunden Emotionen und Gefühle herauszulocken, indem es immer wieder einfühlsam fragt und nachhakt. Das emotionale Mitschwingen eines Gegenübers hilft sehr dabei, auch schwere Erlebnisse noch einmal aufleben zu lassen, um sie dann in das größere Ganze der Lebensgeschichte einordnen zu können.

„Wie haben Sie das bloß geschafft? Das haben Sie aber doch noch gut hinbekommen!" Solche Bekräftigungen können Menschen helfen, sich wieder aufzurichten, weil sie erkennen, dass sie bis dahin ihr Leben ja auch bewältigt haben. Das Ergebnis ist dann oft eine stille Freude an dem, was sie überstanden haben, bis heute. Und damit können sie dann gut weiter ins Alter hineingehen.

MF: Sie erwähnten, dass sich trübe Stimmungen oder gar Depressionen im Alter noch verändern lassen?

IR: Sie lassen sich verändern, indem man ihnen etwas entgegensetzt, das auch wahr und wirklich ist. Ich rede niemandem eine schreckliche Erfahrung aus, die er erlebt hat. Zu Recht könnte er mir sonst sagen: „Sie können das ja gar nicht ermessen." Das stimmt oft auch, denn ich habe, Gott sei Dank, nicht alle Schrecken erlebt. Ich lasse diese dunklen Erfahrungen stehen, und wir versuchen gemeinsam im Gespräch, sozusagen eine Waage herzustellen, indem wir etwas dagegensetzen, das auch in diesem Leben hell und freudig war. Denn auch das ist wahr, beides ist wahr. Diese beiden Pole machen die Spannung eines Lebens aus.

Und dann gibt es noch einen anderen wichtigen, einleuchtenden Aspekt: Im Rückblick merke ich nämlich, dass mich all diese Erlebnisse, gute wie schreckliche, zu dem Menschen gemacht haben, der ich heute bin. Und möchte ich denn jemand anders sein?

Wenn ich Patienten fragte: „Würden Sie eigentlich gerne die schweren, die schwierigen Erlebnisse aus Ihrem Leben herausschneiden?", dann sagte mir bisher noch keiner Ja. Vielmehr hieß es: „Denn schon allein das, dass ich sie durchgestanden habe, macht etwas von der Bedeutung und vom Tiefgang meines Lebens aus." Denn die negativen Erlebnisse ermöglichten einem oft die wichtigsten Erkenntnisse seines Lebens. Ich möchte die meinen auch nicht missen, denn dann wäre ich nicht die, die ich heute bin. Selbst wenn sie nicht nur gute Auswirkungen hatten, gehören sie doch zu mir. Genauso wenig kann ich mir einfach einen Arm abschneiden, nur weil er manchmal schmerzt.

MF: Und wie ist es bei schweren Traumatisierungen?

IR: Selbst bei ihnen verhält es sich so. Und auch sie kann man im Alter noch behandeln, die Möglichkeiten der Trauma-Therapie sind auch im Alter noch nicht ausgeschöpft. Traumatisierungen sollten allerdings wirklich auch im Alter fachlich psychotherapeutisch behandelt werden.

Auch die traumatischen Erlebnisse betrafen doch oft „nur" – ich setze „nur" bewusst in Anführungszeichen – einzelne Abschnitte im Leben, es gab außer ihnen auch andere. Mir geht es aber auch darum, den Blick nicht zu früh von Traumatisierungen abzuwenden, wir können es nicht ungeschehen machen. Es wurde durchlebt, es will gewürdigt werden. Aber im Alter erhebt sich eben das Bedürfnis nach einer Integration von allem, was dazugehört, in die Ganzheit des gelebten Lebens. Bei diesem Versuch einer Integration auch allen Dunkels, auch der Schluchten und Abgründe, kann es hilfreich sein, ein Bild der eigenen Lebenslandschaft zu entwerfen, ja zu gestalten. Man kann beispielsweise eine Landschaft mit all ihren Höhen und Tiefen malen und dann merken, dass sie durch starke Kontraste nicht verliert, sondern interessant wird. Sie wird dann vielleicht wie eine Hochgebirgslandschaft. Es gibt Leben, die mehr den sanften Flusslandschaften mit sanften Hängen gleichen, und es gibt eben auch die, die viel schroffer, aber vielleicht imposanter sind. Man fährt dorthin, weil es dort spannend ist. Eigentlich kann man gut damit leben, dass andere sagen, man sei ein interessanter Mensch mit einem interessanten Schicksal.

Man arrangiert sich damit, nicht ohne Stolz, dass man sein Schicksal gemeistert hat. Gerade Menschen mit einem schweren Schicksal brauchen zur Würdigung ihrer selbst eine gewisse Würde, so dass sie sagen können: „Bis hierher bin ich gekommen, trotz allem, was dagegenstand, das soll mir erst einmal einer nachmachen." Oder: „Meine Ecken und Kanten gehören zu mir, die möchte ich nicht missen. Und ich weiß auch, warum ich sie habe." Mit einer solchen Auffassung schleicht man sich nicht heimlich und unauffällig in das Alter hinein, sondern geht aufrecht weiter. Lebenserfahren.

HALTUNG UND WÜRDE

MF: Bedeutet das, dem Altern gegenüber eine bestimmte Einstellung zu entwickeln?
IR: Mit zunehmendem Alter fühle ich mich mehr als erfahrener Mensch. Vieles hat sich positiv entwickelt: Ich kann mit vielen Dingen, weil ich sie nicht zum ersten Mal sehe, entspannter umgehen. Ich weiß, dass es auch nach einer schlimmen Krise weitergehen kann, und habe ja auch schon in meinem Leben so manche Lösungswege erprobt, die mir auch künftig helfen können. Selbst wenn es aus einer Situation, einem ernsten Konflikt zum Beispiel, in den mehrere verwickelt sind, keinen Ausweg zu geben scheint, hat man als alter Mensch erfahren, dass es in einem Jahr oder doch in mehreren Jahren wieder ganz anders ausschauen kann und sich die Dinge dann doch noch regeln lassen. Es kann natürlich auch – das will ich nicht verschweigen – eine Verbitterung bei alten

Menschen geben, weil sich manches eben doch bis dahin nicht mehr lösen ließ, doch ist sie keinesfalls typisch für die ganze ältere Generation. Verbitterung gibt es in jedem Lebensalter. Sie mag im Alter zunehmen und sogar zu einer Verhärtung führen, wenn man etwas gar nicht mehr loslassen, nicht mehr verzeihen kann oder sich dabei immer nur als Opfer fühlt. Dann meint man, dass es niemandem sonst so schlecht gehe wie einem selbst oder dass alle einen übersehen. Allerdings gibt es auch – jedenfalls auf den ersten Blick – verpfuschte Leben. Die Fähigkeit zur Integration des Erlebten in die Ganzheit des Lebens scheint wie gesagt das einzige Heilmittel gegen diese Art von Verzweiflung.

MF: Was tun, wenn sich Menschen als Opfer von allem fühlen?

IR: Das Schlimme ist, dass sie damit die Verantwortung für ihre innere Verfassung vollständig auf andere abschieben, nicht mehr für sich selber denken, nichts mehr für sich selber tun, ganz abgesehen davon, dass sie den übermächtigen Umständen oder den seinerzeit Schuldigen an ihrem Unglück eine ungeheure Macht verleihen, bis heute.

Der Verarmungswahn ist dafür ein gutes Beispiel, dass sich Menschen angesichts des sich entziehenden Lebens nur noch als Opfer fühlen. Sie sind in der Realität oft gar nicht in Nöten, aber sie projizieren die Tatsache, dass das Leben langsam zu Ende geht, auf das Geld. Sie äußern dann etwa: „Dieses Wirtschaftssystem kann ja überhaupt nicht funktionieren, wir werden in zwei Jahren das ganze Geld verlieren." Und dann fangen sie jetzt schon an, sich keine Butter mehr auf das Brot zu streichen.

In meiner Kindheit erlebte ich ein Beispiel für eine solche Einstellung bei meinen damaligen Nachbarn, einer Familie, in der die Eltern schon etwas älter waren, sie hatten bereits den Ersten Weltkrieg miterlebt: Es war ungefähr im Jahr 1942, im dritten Kriegsjahr damals, an einem Zeitpunkt, wo es in deutschen

Städten zweifellos noch genügend Butter und Marmelade gab. Ich hörte aber die Nachbarskinder sagen: „Du solltest dir jetzt aber keine Butter mehr auf das Brot schmieren." Ich fragte sie verwundert, warum, und sie antworteten mir: „Unsere Mutter sagt, es geht jetzt bald zu Ende mit der Butter und wir sollen uns jetzt schon daran gewöhnen."

Das hat mich damals sehr verblüfft. Ich finde es heute noch völlig daneben, etwas jetzt schon sein zu lassen, nur weil es einmal damit zu Ende gehen könnte. Einige Menschen gehen keine Beziehungen ein, weil sie befürchten, dass sie scheitern könnten und es ihnen danach schlecht geht. Ich persönlich ziehe es vor, jetzt Butter auf dem Brot zu haben, damit ich der Situation gewachsen bin, wenn es keine mehr gibt. Und das beziehe ich auch auf den Umgang mit dem Alter. Irgendwann im Krieg war dann wirklich keine Butter mehr zu bekommen und wir hielten es aus, auch in dankbarer Erinnerung an unsere vielen guten Butterbrote zuvor – und in nie aufgegebener Hoffnung, einmal wieder welche essen zu können. Immer wieder versagen sich Menschen Dinge in ihrem Leben, nur um auf gesichertem Boden zu stehen. Dann ist das Leben plötzlich vorbei, und sie haben entschieden zu wenige Butterbrote gegessen. Etwas ganz anderes ist natürlich die verantwortliche Überlegung, auf einige der verfügbaren Butterbrote zu verzichten, davon zu teilen, damit auch andere davon haben können. Das tat man übrigens auch im Krieg.

Aber gerade teilen können nach meiner Erfahrung nur die Menschen, die sich nicht ständig nur als Opfer und als Zukurzgekommene fühlen, Menschen, die – auch wenn ihnen etwas angetan wurde – aus Opfern wieder zu Mitgestaltern geworden sind, ihres eigenen Lebens wie das ihrer Mitmenschen.

IM ALTER ELASTISCHER WERDEN

MF: Ist das Thema Sicherheit für manche Menschen ein großes Thema? Haben Sie den Eindruck, dass viele Menschen ein übertriebenes Sicherheitsdenken haben?

IR: Es ist tatsächlich für viele ein sehr wichtiges Thema. Das kann sich darin zeigen, dass sie ihr Geld fast ganz in Versicherungen stecken und dann finanziell kaum mehr über den Monat kommen. Sie müssen vielleicht das Telefon abbestellen, weil sie es nicht mehr bezahlen können, aber sie halten fest an den Versicherungen, auch wenn sie diese vielleicht niemals in Anspruch nehmen.

Andererseits konsumieren die Menschen heute auch über ihre Verhältnisse, aus der Besorgnis heraus, dass das Geld irgendwann seinen Wert verlieren könnte. So konsumieren sie und kurbeln dadurch allerdings die Wirtschaft wieder an. Es ist fast nicht begreifbar, dass die deutsche Wirtschaft sehr gut dasteht, obwohl rund herum sehr vieles zerfällt. Vielleicht hängt das mit der Einstellung zusammen, dass viele Leute sich sagen: „Die Zukunft ist nicht sicher, also leben wir jetzt."

MF: Gab es das immer schon, oder ist dies bei uns eine neue Entwicklung?

IR: Es gab in Deutschland und in Europa immer wieder Zeiten, die solche Einstellungen und Handlungen begünstigten. Man sagt uns Deutschen allerdings auch nach, dass wir selten wirklich sorglos sind. Obwohl es uns Deutschen im Vergleich zu anderen in Europa mit am besten geht, haben viele die größere Zukunftsangst. Vielleicht ist bei uns die Situation auch deshalb vergleichsweise gesichert, weil die Menschen alle Hebel in Bewegung setzen, wenn sie Angst haben. Aber ich traue mir gar nicht zu, dies grundsätzlich zu beurteilen.

MF: Was bedeuten Sicherheitsdenken und Sparsamkeit aus psychologischer Sicht?

IR: Es ist eine Form des Umgangs mit der Existenzangst. Wenn man sieht, dass sich etwas verändert, bildet man Vorräte. Das ist auch bei Tieren ein uraltes Verhalten, um über den Winter zu kommen. Es ist an sich auch nichts Falsches daran. Aber es wird problematisch, wenn das Sicherheitsbestreben überhandnimmt, wenn die Fähigkeit schwindet, es gegenüber der ständigen Veränderlichkeit auszubalancieren. Man muss sich auch an neue Situationen anpassen können. Dazu braucht man eine gewisse Lockerheit, so wie sie Verena Kast in der Festschrift zu meinem achtzigsten Geburtstag im Blick auf das Alter beschreibt: Gerade im Alter müsse man elastisch werden.

MF: Wie sollte man gerade da, wenn man – wenigstens körperlich – immer steifer wird, elastisch werden?

IR: Weil sich im Alter unvorhergesehene Situationen häufen. Schon allein körperlich muss man zunehmend mit Unvorhersehbarem rechnen. Mit fortschreitendem Alter muss man Veränderungen stärker Rechnung tragen können als in jungen Jahren, in dieser Hinsicht ist das Alter auch mit einem schwankenden Boot vergleichbar. Es ist ein Zeichen seelischer Gesundheit, wenn man – wie wir gesehen haben – ausgleicht und mit Gegengewichten reagiert. Verena Kast regte mich mit diesem Bild aber noch zu etwas anderem an: Das Neue, mit dem man im Alter konfrontiert ist, jeweils auch als etwas Interessantes zu betrachten, und dies sogar, wenn ein neues körperliches Symptom auftaucht, auf das sich dann die Ärzte stürzen.

Sie selbst, auch in den Siebzigern, geht mit vielen Dingen, die auf den ersten Blick nur lästig sind, auf diese Weise um, und hinterfragt sie immer wieder neugierig. Es sei lohnend, dem Alter etwas Interessantes abzugewinnen. Diese Einstellung verhilft einem auch zu einer anderen Sicht auf körperliche Beschwerden, die einen im Alter treffen können. Man sieht sich auch darin dann nicht nur als

Opfer, sondern kann sich einer Krankheit erst einmal offen mit Interesse nähern. Was trifft mich da? Was hat mir das zu sagen? Danach kommt dann die Überlegung, was zu tun ist und wie man die Situation gut bestehen kann. So ist man offen für alles und kann dabei neue Verhaltens- und Umgangsweisen entdecken. Dieses Vorgehen ist schöpferisch.

MF: Es ist sicher für viele Menschen ein neuer und zunächst vielleicht ungewöhnlicher Gedanke, dass man im Alter elastischer werden soll. Was ist das Wesentliche daran?

IR: Auch wenn er zunächst den Widerspruch reizt – man nimmt ja vor allem wahr, mit zunehmendem Alter steifer zu werden, genau deshalb ist die Vorstellung wichtig, dem etwas entgegenzusetzen: eben elastischer zu werden.

Bei Licht besehen, wenn man den Gedanken erst einmal zulässt, dann merkt man, dass man tatsächlich im Alter elastisch werden kann. So manches kann man loslassen, was bis dahin fest zu einem gehörte. Mir fällt es beispielsweise nicht schwer, nicht mehr Ski zu fahren, obwohl ich bis zum Beginn des frühen Alters gerne und ganz gut fuhr. Ich möchte und muss heute vor allem Stürze vermeiden, die mir früher nichts ausmachten. Die Vorsicht würde heute die Freude überwiegen. Manche Menschen gehen stattdessen zum Schneeschuhwandern über, aber auch das wäre mir zu viel. Ich persönlich gehe jetzt in aller Ruhe in normalen Winterschuhen auf einem gut begehbaren Winterweg, genieße dabei das unvergleichliche Winterlicht, das mich schon immer faszinierte, und beobachte, was sich auch im Winter draußen alles an Lebendigem rührt. Das gibt der Wahrnehmung einen ganz anderen Blickwinkel. Ich schaue inzwischen auch gerne anderen Skifahrern zu. Ich hatte meine Zeit des Skifahrens und kann mich nun für sie freuen, wenn der Schnee gut ist und es schön läuft. Es ist ein schmerzloses Loslassen, das in eine andere Qualität übergeht.

DIE DINGE BEWUSSTER WAHRNEHMEN

MF: Das Loslassen führt zu einer anderen Qualität des Wahrnehmens? Können Sie das bitte genauer beschreiben?

IR: Meine Mutter sagte einmal: „Seit ich mich nicht mehr so gut bewegen kann, sehe ich die Blumen viel genauer." Solange man vor allem auf ein Ziel bezogen wandert, geht man an vielem rasch vorbei und übersieht die Dinge am Wegrand. Wenn man als älterer Mensch unterwegs ist, bleibt man immer einmal stehen, setzt sich sogar immer wieder einmal hin und nimmt alles, was immer schon da war und was man immer schon gerne betrachtete, bewusster wahr. Man kommt dadurch zwar nicht so schnell voran, aber man kann jede Blume ausführlich betrachten. Das gelingt natürlich nicht immer.

Dieser Einstellungswechsel im Alter führt außerdem dazu, dass man nicht mehr alles sehen muss. Aber das, was man nun sehr genau und in Ruhe sieht, berührt einen tiefer. Die geringere Auswahl und die abnehmende Geschwindigkeit verstärkt die Intensität der Wahrnehmung. Das können wir sogar beim Träumen beobachten: Wenn viel darin passiert, erinnert man sich weniger an Details. Dann weiß man nicht mehr, welche Farben die Kleider hatten, die die Menschen trugen. Bei einem anderen Traum wacht man mit einem klaren Bild des einzelnen roten Kleides auf, das sich im Hintergrund bewegt hat. Beim Älterwerden nimmt das Leben eine ähnliche Qualität an: Die Farben leuchten stärker und die mit Ereignissen verbundenen Gefühle werden bewusster. Man ist nicht mehr überall mit hohem Tempo dabei, sondern mit mehr Muße und Präsenz an dem Ort, an dem man sich gerade befindet. So wie es schon immer mit den alten Menschen war, die man früher nur beobachtete, die lange auf einer Bank im Park oder am See saßen und Freude daran hatten, einfach nur da zu sein und zu schauen – die nichts mehr „müssen".

MF: In ihren Büchern zum Thema Alter, etwa in „Die innere Freiheit des Alterns", beschreiben Sie eine Entwicklung vom Tun und Leisten zum einfachen Dasein hin, zum Sein. Meinten Sie das damit?

IR: Ja, auch das. Es geht mit zunehmendem Alter immer mehr um ein Leben „ohne Warum". Der mittelalterliche Theologe und Philosoph Meister Eckhart, der als Erster von einem „Leben ohne Warum" sprach, war der Meinung, dass das Leben selbst immer einen Bedeutungsüberschuss habe, gegenüber allen speziellen Sinngebungen. Das gilt wohl für alle Lebensphasen, erhält aber im Alter eine besondere Bedeutung.

Stellen wir uns zum Beispiel einen Menschen vor, der allerhand Probleme mit dem Alter hat und nun plötzlich auch noch einen Unfall erleidet, zum Beispiel einen gefährlichen Sturz. Auf einmal ist die Tatsache, noch am Leben zu sein und alle Glieder noch irgendwie bewegen zu können, wichtiger als alle seine sonstigen Probleme. Wenn ein Mensch gefragt wird, warum er lebt, wäre die ehrlichste Antwort darauf: „Ich lebe deshalb, weil ich lebe."

Deshalb tut man auch die Dinge, die einem wirklich etwas bedeuten, gerne, weil man sie eben gerne macht. Es geht darum, sich die elementare Tatsache bewusst zu machen, dass letztlich das Leben seine Bedeutung und seinen Wert in sich selber trägt. Wenn einem das klar geworden ist, bedarf auch das Dasein im Alter keiner Begründung mehr. Man muss nichts leisten, damit man da sein darf: Ich lebe, weil ich lebe. Diese Erkenntnis darf man sich von niemand ausreden lassen. Bei Meister Eckhart kommt diese Erkenntnis aus einem tiefen mystischen Erfahrungshintergrund.

MF: Nach dem Sinn des Lebens haben schon ganz viele gefragt. Wenn man eine Antwort dafür findet, ist es doch eine sehr befreiende Einsicht, oder?

IR: Bestimmt. Und wenn es die paradoxe Einsicht Eckharts wäre, dass das Leben eigentlich gar kein „Warum" braucht. Diese Erkenntnis Meister Eckharts befreit einen aber auch aus der einengenden Vorstellung, dass man erst dann richtig leben könne, wenn man ein „Warum" auf die unergründliche Sinnfrage fände. Dabei ist es doch so: Wenn das Wetter gut ist, geht man hinaus, geht spazieren und freut sich einfach, dass man noch da ist. Und wenn man arbeitet, vielleicht recherchiert, weil einen eine bestimmte Frage interessiert, dann macht es Spaß, wie wenn man spielerisch ein Puzzle zusammensetzt. Auch wenn es Mühe macht, macht es zugleich Spaß, weil man es gerne macht. Meister Eckhart ist sogar der Meinung, man mache sich oft nur vor, dass man die Dinge aus einem bestimmten Grund heraus und zu einem bestimmten Zweck tue. Und er spitzt es noch weiter zu, indem er meint, dass es nichts Rechtes sein kann, wenn man etwas nur aus einem Grund oder zu einem Zweck tue. Man solle vielmehr alles um seiner selbst willen tun. Im Alter leuchtet das noch mehr ein als sowieso schon. Insofern kann man im Alter noch wesentlicher leben als schon zuvor.

SELBSTVERWIRKLICHUNG UND LEBENSSINN

MF: Das ist ein sehr eindringlicher Aufruf zur Selbstverwirklichung.

IR: Wunderbar, wenn man das Richtige darunter versteht, denn „Selbstverwirklichung" ist heute auch zu einem Modewort geworden. Ich selber habe natürlich auch viel über den Sinn des Lebens nachgedacht. Auch meine Patienten beschäftigten sich ja oft qualvoll mit der Frage, denn sie kamen, wenn und weil das Leben ihnen sinnlos erschien, was sie in die Depression geführt hatte.

„Die Neurose ist eine Krankheit der Seele, die ihren Sinn nicht gefunden hat" – so erkannte und formulierte es C. G. Jung und rief uns damit dazu auf, mit den Patienten an der Sinnfindung für ihr Leben zu arbeiten.

Natürlich bringe ich, wo die Sinnfrage sich stellt, nicht gleich die Erkenntnisse Meister Eckharts ein, sondern knüpfe ganz konkret an den Möglichkeiten der Menschen selbst an, ihr Leben mit Sinn zu erfüllen, ihm einen Sinn zu geben. Der Sinn des persönlichen Lebens lässt sich aus all dem erschließen, was man an Lebensmöglichkeiten in sich vorfindet: aus der Begabung, den Interessen, der Wesensart, die einem das Leben als Potential mitgegeben hat. All das gilt es, in meinem Lebensfeld auszudrücken und auf eine Weise zu verwirklichen, die mich erfüllt, befriedigt. Mit anderen Worten: Ich finde mich einerseits mit einer bestimmten Ausstattung und Wesensart vor, andererseits muss ich auswählen und handeln, um selbstwirksam zu werden.

MF: Heißt das, dass man seine Potentiale leben soll?

IR: Einige meinen, dass ihr Leben vom Schicksal vorbestimmt sei. Aber in Wirklichkeit ist es doch so, dass wir einerseits etwas in uns vorfinden, worüber wir nicht bestimmen können, und anderseits aktiv werden müssen und dürfen in dem, was wir verwirklichen. So bringen wir etwa unsere persönliche Familiengeschichte und unsere psychische Konstitution mit und sind mit unseren geistigen Begabungen einerseits und unseren Hemmungen andererseits konfrontiert. Im Handeln gilt es nun, herauszufinden, was zu uns passt und was wir optimal verwirklichen können, um zufrieden mit uns und unserem Leben zu sein. Wenn wir wie ein Kind beim Spielen viele unserer Seiten und Möglichkeiten ausprobieren und ausleben können, sind wir im Grunde glücklich. Darum ist es auch so schön, spontan vor sich hin zu arbeiten. Auf genau diese Weise kommt Sinn zustande.

Aber letztlich muss es auch eine Übereinstimmung mit dem geben, was mir vom Leben überhaupt zugewiesen ist. Das ist dann wie bei Meister Eckharts „Leben ohne Warum": Je mehr ich um seiner selbst willen das lebe, was ich von mir und meinem Wesen einbringen kann, desto befriedigender ist es.

MF: Wenn Sie sagen „Was mir vom Leben zugewiesen ist", hat das aber doch auch etwas Schicksalhaftes? Worin besteht die Aufgabe der Selbstverwirklichung genau?

IR: Es ist eine Entsprechung zwischen dem, was mir von innen her – als meinem Wesen und meiner Begabung – vorgegeben ist, und dem, was ich schöpferisch aus diesen inneren Gegebenheiten dann mache: in der Begegnung mit den jeweiligen Gegebenheiten der Außenwelt. Das ist eigentlich immer so, denn das sogenannte Schicksal stellt oder wirft mich irgendwohin, oft auch an eine Stelle, die meiner Begabung überhaupt nicht entspricht und wo ich überhaupt nicht zum Zug komme. Meine Aufgabe besteht in dieser Situation darin, alle Hebel in Bewegung zu setzen, die Situation zu verändern oder einen Ausgleich zu finden, zwischen dem, was mir vorgesetzt wird, und dem, was zu mir passt und Raum gibt. Dabei ist es entscheidend herauszufinden, wohin man eigentlich will beziehungsweise von innen her muss. Eine andere Möglichkeit ist, dass man neben dem Brotberuf leidenschaftlich ein Interesse pflegt. Man kann sich auch außerhalb des Berufs verwirklichen.

MF: Wenn wir es global sehen, sagen wir mal, wenn man in Indien geboren ist und es einen in die unterste Kaste wirft …

IR: Auch dann muss man wohl sehen, wohin man sich weiterentwickeln und bewegen kann. Die Menschen sind dort nicht alle unglücklich. Ich bin immer wieder überrascht, wenn ich in diese Länder komme. Das Leben ist oft ganz anders, als wir es uns auf den ersten Blick vorstellen und manchmal durch mehr zusammenhängende, tragende Beziehungen verknüpft, als wir sie im Westen kennen – trotz unvorstellbar schweren Lebensbedingungen in anderer Hinsicht, vor allem für die Frauen. Ich maße mir keine Aussagen darüber an, was diese Menschen machen sollen. Ich möchte nur ausdrücken, dass es letztlich immer darum geht, einen Ausgleich zwischen dem zu finden, was äußerlich vorgegeben und was innerlich gegeben ist, zwischen den äußeren Rahmenbedingungen eben und meinen Möglichkeiten, damit umzugehen. Das Ungleichgewicht zwischen beidem und die Unstimmigkeit für mich selbst entdecke ich oft erst dann, wenn ich unter etwas sehr zu leiden beginne. So gibt es immer wieder Menschen, die in einer erstaunlichen Weise Wege aus aussichtslosen Situationen finden.

MF: Haben diese Menschen besondere oder größere Kräfte?

IR: Schon in Märchen werden die Kinder immer in schwierigste Situationen hineingeboren. Entweder stirbt die Mutter und sie haben eine fürchterliche Stiefmutter oder sie sind überhaupt alleingelassen. Und genau sie haben am Ende der Geschichte – und sei es durch große Leiden, aber auch durch noch größeren Mut – dann das Unmögliche erreicht. Märchen drücken das so aus, dass sie diese Märchenhelden, die durch schöpferisches Handeln und Erleiden die schwierigsten Umstände bewältigt haben, dann am Schluss Könige und Königinnen werden lassen, also souveräne Menschen. Doch nicht alle Menschen sind so angelegt, dass sie das ihnen Mögliche auch voll verwirklichen möchten. Zu mir als Psychotherapeutin kamen immer wieder Menschen, die in schwierigste Verhältnisse hineingeboren waren, aber die gerade deshalb ihr persönliches Potential kennenlernen und entwickeln wollten.

MF: Es wird mitunter behauptet, dass der Mensch durch die Freiheit der Wahl unglücklicher sei als ohne sie. Wie sehen Sie das?

IR: Wenn er dadurch, dass er keine Grenzen kennt und anerkennt,

Größenideen entwickelt, die über sein Vermögen hinausgehen, stimme ich dem zu. Wenn es aber um die Verwirklichung dessen geht, was in ihm angelegt ist, dann soll er wählen und experimentieren dürfen, dann ist oft viel mehr möglich, als er sich zutraut.

Eine Rolle spielt dabei auch, wie mit ihm in der Kindheit umgegangen wurde, ob er Wahlfreiheit kennen und üben lernen konnte oder eher nicht. Ich habe einmal folgenden Fall in meiner Praxis erlebt: Obwohl ich eigentlich keine Jugendlichen behandle, kamen einmal Eltern mit ihrer 17-jährigen Tochter zu mir, also einer jungen Frau in der Adoleszenz, die nach Schilderung der Eltern angeblich lernbehindert war und mit der es ständig schwere Konflikte gab. Als Allererstes schickte ich die Eltern weg. Dann fragte ich das Mädchen, ob es denn nicht etwas gebe, was sie für ihr Leben gern tue und was sie auch gut könne. Denn nach dem Gespräch mit ihren Eltern hatte ich das Gefühl bekommen, danach wäre sie bis dahin zu wenig gefragt worden. Daraufhin strahlte sie auf und sie fing bereitwillig an zu erzählen. So stießen wir auf ihre große bildnerische Begabung. Das Mädchen war nicht lernbehindert im engeren Sinn des Wortes, wenn auch intellektuell nicht begabt. Sie wurde durch die festen Vorstellungen der Eltern, was aus ihr werden sollte, in den falschen Schultyp geschickt und war durch die ständige Erwartungshaltung der Eltern inzwischen völlig blockiert. Ich überzeugte die Eltern schließlich, sie in eine weiterführende Einrichtung der Waldorfschule gehen zu lassen. Das war der Durchbruch für ihre Entwicklung.

Sie ergriff schließlich einen sozialen Beruf und wurde eine recht kreative Frau, die immer am Malen dranblieb. Dabei waren die Eltern kurz davor gewesen, sie in eine Einrichtung für Lernbehinderte zu stecken. Die Enttäuschung der Eltern war das eigentliche Problem gewesen. Das völlig verschreckte und verschüchterte Mädchen hatte lediglich eine Bejahung ihrer Person gebraucht, jemanden, die sie als Mensch ernst nahm und mit ihr malte. Sie entwickelte sich dann rasch zu einer jungen Frau, die auch erstes Interesse an jungen Männern bekundete. Das lehnten die Eltern natürlich auch ab, es wäre alles zu früh und sie hätte ja in diesen Dingen überhaupt noch kein Urteils- oder gar Unterscheidungsvermögen. Ich begleitete und förderte ihren Mut zu ersten Begegnungen und Beziehungsversuchen und es bekam ihr gut. Wir hatten viel Freude an ihren Bildern, einige von ihnen wurden in meinen späteren Büchern mit ihrer Zustimmung veröffentlicht.

MF: Bei dem Mädchen wurde ihr Potential nicht gesehen und da es keinen Raum dafür gab, konnte sie sich zunächst nicht entfalten. Am anderen Ende der Skala steht, dass man Ideen hat, deren Realisierung die eigenen Möglichkeiten vielleicht übersteigen. Was hat es mit den Größenphantasien auf sich, gehören sie zu einer gewissen Lebensphase dazu?

IR: Sie gehören auf jeden Fall in die Zeit der Adoleszenz. In dieser Lebensphase überlegt man, was man werden könnte und welchen Berufsweg man einschlagen soll. Da ist es richtig, nicht zu klein von sich zu denken und sich etwas zuzutrauen. Spätestens in der Phase der Verwirklichung merkt man dann, ob man zu hoch gegriffen hat. Die Folgen können herbe Enttäuschungen sein und manchmal auch eine starke Selbstabwertung. Oft stimmt die grundsätzliche berufliche Orientierung ja, es muss vielleicht nur die genaue Berufswahl geändert werden.

Ich hatte beispielsweise einmal eine Patientin, die Pianistin werden wollte. Sie spielte gut Klavier, scheiterte dann aber an der Aufnahmeprüfung in der Musikhochschule. Sie fühlte sich völlig herabgesetzt und wählte danach einen Büroberuf. In der Mitte des Lebens kam sie schließlich recht niedergeschlagen zu mir in die Therapie. Ich möchte sagen, recht depressiv und in jeder Hinsicht ein Mauerblümchen. Sie saß völlig apathisch vor mir, und ich wusste nicht, was sie genau wollte, was ich mit ihr anfangen sollte. Ich regte sie an, aus ihrem Leben zu erzählen. Während sie von ihrer Bürotätigkeit erzählte, fiel mir auf, dass sie während des Erzählens die Hände bewegte, fast so, als würde sie Klavier spielen. Ich teilte ihr meine Beobachtung mit, dass es mir fast so vorkomme, als spielten ihre Hände Klavier. Da schaute sie betroffen auf: „Merkt man das, dass ich im Büro oft meinem eigentlichen Lebenstraum nachhänge, nachweine – ich wäre so gern Pianistin geworden." Sie habe da aber, so sagte sie beschämt, einer Größenidee nachgehangen und sich bei weitem überschätzt. Meine Nachfrage, ob sie denn wenigstens in ihrer Freizeit noch viel Klavier spiele, verneinte sie und meinte, dass sie es eigentlich gar nicht mehr könne. Ich sagte nur: „Sie sollten unbedingt wieder damit anfangen, sonst brauchen wir wohl überhaupt keine Therapie zu versuchen."

Sie begann tatsächlich wieder zu spielen. Am Ende der Therapie hatte sie – worauf sie völlig selbständig gekommen war – eine Ausbildung als Musikpädagogin absolviert und gewann an ihrem neuen Leben als Klavierlehrerin immer mehr Freude. Aus der Größenphantasie war etwas ganz Realistisches geworden: Sie war durchaus begabt für Musik, musste aber ja keine Starpianistin werden. Sie brauchte auch kein Musikstudium für Solisten, um Musik vermitteln zu können. Als sie das erkannte, musste sie für einen Moment einfach lachen und begann aus ganz einfachen Stücken wieder am Klavier zu üben. Mit der Übung kam ihr Können wieder, denn das, was man als Kind gelernt hat, das vergisst man nicht. Durch diese Entwicklung in ihrem Leben lebte sie dann letztlich doch für die Musik. Sie half Kindern und Jugendlichen, die Musik auf die passende Art und Weise in ihr Leben zu integrieren, sie gab Musikverständnis und gute Klaviertechnik weiter an die jüngere Generation. Dadurch kam auch noch „Generativität" in ihr Leben, was in ihrer damaligen Altersphase, gegen fünfzig, zu den zentralen Entwicklungsaufgaben gehört. „Generativität versus Selbstabkapslung" gilt seit Erikson als eine der wichtigsten psychosozialen Entwicklungskonstellationen zwischen 45 und circa 65, wobei Selbstabkapselung – wie bei der betreffenden Patientin – eine Hauptgefahr ist, die die Entwicklung zur Generativität hemmt. Es müssen nicht alle gleich Solisten werden, sondern es geht darum, Freude an der Musik zu entwickeln und zu vermitteln. So hatte sie einen Weg gefunden, etwas Gutes aus ihrem Können zu machen. Sie wurde dadurch wieder recht lebendig und blühte buchstäblich auf. Es ist auch für mich immer wieder eine riesige Freude zu entdecken, wo genau der Knoten sitzt und ihn lösen zu helfen.

NARZISSMUS UND SELBSTWERT

MF: Sicher ist dabei auch Narzissmus ein wichtiges Thema?
IR: Das ist sogar ein sehr wichtiges Thema. Wir sprechen von Narzissmus übrigens nicht dann, wenn jemand eine natürliche Selbstliebe hat, sondern wenn jemand in seiner natürlichen Selbstliebe gestört ist. Der Begriff ist von Narziss abgeleitet, einem Jüngling aus der griechischen Mythologie. Er war so sehr mit sich selbst und mit der Betrachtung seines Spiegelbildes im Wasser beschäftigt, so sehr von sich selbst absorbiert, dass er keine Beziehung zu anderen eingehen konnte.

Seit Jahrzehnten spielt der Begriff Narzissmus – und das, was psychologisch damit gemeint ist – eine große Rolle im psychologischen Diskurs. In diesem Zusammenhang ist damit gemeint, dass zum Beispiel ein Kind keine natürliche Selbstliebe aufbauen konnte, weil es von den Eltern nicht so angenommen wurde, wie es war. Die Eltern liebten jemand anderen als den, der ihr Kind war. Sie erwarteten mehr oder etwas anderes von dem Kind, genau wie am Beispiel des Mädchens, von dem ich erzählte. Menschen, die von den Eltern nicht als sie selbst gesehen und geliebt wurden, können sich nicht bejahen und sind sich selbst gegenüber überkritisch. Sie versuchen auf unterschiedlichen Wegen, ständig die ihnen fehlende Anerkennung zu bekommen, und verhalten sich dabei auffällig. Denn bereits auf eine einfache Rückfrage, erst recht auf Kritik, reagieren sie oft überempfindlich. Sie leben in Unfrieden mit sich und finden keine Ruhe in dem, was sie sind. Sie wollen immer mehr und anderes darstellen, als sie sind, und erleben dadurch laufend neue Frustrationen. Narzissten fallen in jeder Gruppe sofort auf, da sie andauernd auf sich aufmerksam machen und doch nie genug Aufmerksamkeit erhalten. Dabei werten sie auch die anderen ständig ab, so wie sie es ja im Grunde genommen auch mit sich selbst machen. Sie können sich selbst nicht lieben, sondern brauchen unablässig von außen Bestätigung.

Es ist eine Kunst und gelingt nur mit echter Zuwendung, am Anfang einer Therapie eine gute Beziehung zu einem Narzissten aufzubauen.

Narzissten müssen erkennen, dass sie etwas wert sind, so wie sie sind, und dass sie es gar nicht nötig haben, etwas darzustellen, was sie nicht sind. Sie müssen erkennen, dass sie sich nicht verstellen müssen, nicht mehr und anders erscheinen müssen, als sie sind, sondern dass sie gerade, wenn sie sich nicht aufblasen, echt und damit liebenswert sind. Durch diese existentielle Not und den damit verbundenen Erkenntnisprozess gilt es, in jeder Therapie mit diesen Patienten immer wieder aufs Neue hindurchzugehen.

Wenn ein Narzisst dies einmal erlebt hat, kann er seinen eigentlichen Wert entdecken. Irgendwann müssen die betroffenen Menschen nicht ständig wieder in Größenphantasien ausweichen, sondern können einen für sie stimmigen Weg finden, der ihren Begabungen entspricht und ihnen und anderen Freude bereitet.

MF: Sind Sie der Meinung, dass Narzissmus behandelbar ist? Darüber gibt es ja unterschiedliche Meinungen.

IR: Ich hätte mich kaum auf Behandlungen eingelassen, wenn ich nicht daran geglaubt hätte, dass sie etwas bringen können. Und ich habe es erlebt, dass eine Entwicklung des Patienten aus dem Narzissmus heraus möglich war, wenn man erst einmal eine warme therapeutische Beziehung aufbauen konnte. Man versteht doch, was diesen Menschen fehlt, sie sind „narzisstisch Verwundete". Man muss vor allem versuchen, ihr echtes Selbstwertgefühl aufzubauen. So „verdreht" diese Menschen zunächst auch erscheinen, wenn man ihre Lebensgeschichte hört und sie versteht, dann empfindet man oft ein starkes Mitgefühl. Das bewirkt bei mir dann einen starken Impuls, ihnen eine andere Sichtweise auf sich selbst nahezubringen.

Der erste Schritt ist, ihren Selbstwert aufzubauen, indem ich beispielsweise im Hinblick auf so manches, wo es auch bei ihnen stimmt, ohne Umschweife sage: „Da sind Sie einfach gut." Sie brauchen eine Bestätigung, dass sie selbst in ihrem Kern in Ordnung sind und niemand etwas vorspielen müssen. Nur so können sie nach und nach die neue Erfahrung machen, dass sie nämlich bei einem Gegenüber auch ankommen, gerade wenn sie nicht groß von sich hermachen. Aber mit der Entdeckung und Pflege ihres liebenswerten Kerns sind sie noch nicht geheilt. Man muss immer gewappnet sein, dass sie wieder in ein narzisstisches Verhalten zurückfallen. Ich versuche zumindest, Narzissten Mut dazu zu machen, ohne Verstellung sie selbst zu sein und dadurch erleben zu können, dass sie akzeptiert werden. Eine Schlagseite zum Narzissmus hin kann natürlich zurückbleiben.

MF: Was meinen Sie damit genau?

IR: Nun, nicht alle scheitern, manche werden manchmal sogar selber noch Therapeuten. Aber diese Schlagseite, die ihnen bleibt, kann sich zum Beispiel an Folgendem zeigen: Ihr Patient sagt nach einem Jahr, dass er mit der Therapie aufhören möchte, obwohl offensichtlich ist, dass seine Entwicklung noch lange nicht zu Ende ist. Narzisstische Therapeuten fühlen sich dann persönlich verletzt und versuchen, den Patienten zu überreden, weiterzumachen. Damit bringen sie auch den Patienten wieder durcheinander. Das meine ich damit, dass narzisstisch Verwundeten auch als Therapeuten oft eine kleine Schlagseite bleibt.

In so einer Situation braucht man als Therapeutin eine innere Mutter, die in der Lage ist, ihr Kind loszulassen. Man muss einen Patienten ziehen lassen können, auch wenn er sein Entwicklungsziel noch nicht erreicht hat. Das ähnelt in gewisser Weise der Situation, wenn Jugendliche von zu Hause ausziehen, obwohl sie noch keine reifen Persönlichkeiten sind. Eltern sollten ihnen dann nicht ein schreckliches Scheitern prophezeien, sondern sie stattdessen darin bestärken, dass sie jederzeit auch weiterhin eine offene Tür zu Hause finden werden. Ähnliches sage ich in so einem Fall meinen Patienten: „Wenn für Sie irgendetwas zu schwierig wird, dann rufen Sie einfach an. Stark, dass Sie sich zutrauen, selbständig weiterzugehen. Alles Gute."

MF: Man könnte sich also auch narzisstisch verletzt fühlen, wenn ein Patient früher geht, als man es selbst für gut befindet – kann man sich in dieser Situation persönlich beleidigt fühlen?

IR: Mir macht es auch etwas aus, wenn jemand mit der Therapie aufhören möchte, obwohl ich sehen kann, dass er noch nicht so weit ist. Ich sage mir dann ganz bewusst, dass ich dies nicht persönlich nehmen darf. Ich muss mich als Therapeutin an eine überraschende Situation im Sinne des Patienten anpassen können, mich an die Grundspielregeln halten können. Ich muss ein Gespür dafür entwickeln, was in welchem Rahmen möglich ist.

DIE FÄHIGKEIT, GRENZEN ZU SETZEN

MF: Es gibt ja auch das Phänomen der Anpassungsstörung, wenn ein Mensch Schwierigkeiten hat, sich in einer Situation adäquat zu verhalten. Was meinen Sie dazu?

IR: Wenn ich die Spielregeln, die in einer Situation oder auch in einer Institution gelten, gar nicht begreife, kann es sich um eine Anpassungsstörung handeln, von der ich jetzt allerdings nicht im klinisch klassifizierten Sinn (von ICD-10F43) sprechen möchte, sondern in ihrer Alltagsbedeutung. Spielregeln haben auch eine sachliche Ebene und sind nicht immer überflüssig, nicht einmal im Spiel. Man muss beispielsweise wissen, welche Fähigkeiten man braucht, um in einer Situation etwas bewirken zu können. Vor allem aber geht es um die menschlichen Spielregeln: Was ist in diesem Kreis von Menschen möglich? Was kann ich einbringen, was können wir miteinander machen? Wo sind die Grenzen? Besonders wichtig ist die Frage, was ich dazu beitragen kann, damit es immer wieder zu einem gewissen Zusammenspiel kommt.

Genauso wichtig wie die Anpassung ist aber auch die Fähigkeit zur Abgrenzung, wenn man mir etwas abverlangt, das nicht zu meiner Einstellung oder auch zu meiner Wesensart passt. Wenn ich mich nicht abgrenzen kann, verbiege ich mich, spiele eine Rolle und bin nicht mehr ich selbst. Ein solches Verhalten ist tatsächlich eine ernste Störung. Ich muss es nicht verurteilen, sondern verstehen, wie es dazu gekommen ist.

Es fängt damit an, dass ein Mensch als Kind nicht den passenden Platz in seiner Ursprungsfamilie gefunden hatte. Ich lasse mir deshalb immer die ganze Kindheitsgeschichte oder Schulgeschichte eines Patienten erzählen. Dann merke ich immer wieder, es gab Spielregeln, die für dieses Kind nicht gepasst haben. Jetzt geht es für so einen Menschen darum, zu lernen, dass es Menschen und

Gruppen gibt, zu denen er durchaus gehören will und auch durchaus gehört. Es ist dann sinnvoll, in einer Gruppentherapie zu üben, wie man miteinander umgehen kann. Und auch zu lernen sich abzugrenzen, wenn etwas nicht zu seiner Einstellung und seinem Wesen passt. Zumindest sollte man Protest einlegen und abwarten können, ob sich die anderen auf einen einstellen können. Wenn dies nicht möglich ist und etwas einem völlig gegen die eigenen Prinzipien geht, dann muss man gehen, damit man bei sich selbst bleibt.

MF: Diese Fähigkeit, Grenzen zu ziehen, ist also auch eine Ressource?

IR: Unbedingt. Wenn man sich gut abgrenzt, kann man auch in spannungsreichen Situationen standhalten. Denn es ist auch von Vorteil, sich nicht gleich wegen eines jeden Problems zurückziehen zu müssen und sich damit womöglich etwas zu nehmen, was einem im Grunde Freude macht. Ich habe einmal beobachtet, dass eine Ärztin, die sehr gerne in ihrer Klinik arbeitete und mit allen Bedingungen dort und auch den Patienten gut klarkam, viel Ärger mit dem Chef bekam. Sie kündigte deshalb unvermittelt und trauerte dann lange ihrer Arbeit in dieser Klinik nach. Sie konnte sich nicht damit abfinden. Vielleicht hätte sie einen Weg finden können, sich gegen den Chef innerlich so klar abzugrenzen, dass sie der Spannung standhalten und nicht das Ganze hätte aufgeben müssen.

UNANGEPASSTHEIT IM ALTER

MF: Kann aber Unangepasstheit auch etwas Positives sein, und was ist dabei wichtig?

IR: Natürlich kann sie. Ein schönes Beispiel dafür ist die Unangepasstheit der Alten, sie müssen sich ja in vielem tatsächlich nicht mehr anpassen und können dadurch offen ihre Meinung äußern. Das ist so eine Art Narrenfreiheit. Das geht nur, wenn und weil sie unabhängig sind. Ich habe oft erlebt, dass Menschen sehr angepasst waren, solange sie in einer Firma, in der Kirche oder in einer Partei tätig waren. Dann sprachen sie bestimmte Dinge, die sie eigentlich ablehnten, nicht öffentlich an, um dabeibleiben zu können. Erst als sie dann in ein Alter kamen, als die Zugehörigkeit oder das jeweilige Amt nicht mehr wichtig waren, sprachen sie vieles kritisch an, was sie schon lange gestört hatte. Damit haben sie anderen Menschen unter Umständen auch sehr geholfen. Um unangepasst sein zu können, braucht es eine gewisse Freiheit, die auf einer guten Kenntnis und Akzeptanz der eigenen Person beruht. Wenn alle anders denken und einen ausbremsen und abblocken, dann muss man wissen, was einem wirklich wichtig ist und wozu man stehen kann.

MF: Bedeutet Unangepasstheit auch die Bereitschaft, unkonventionell zu sein und zu einer anderen Haltung zu stehen?

IR: Ganz genau. Ich kenne dazu ein schönes Beispiel aus dem Kirchenbereich: Ein mir gut bekannter katholischer Pfarrer, der in seinem beruflichen Umfeld sehr engagiert und beliebt ist, initiierte zusammen mit anderen eine Initiative, die die Beteiligung von Laien an der Diskussion und Entscheidung über Familienfragen in der katholischen Kirche forderte. Nach seiner Pensionierung fühlte er sich dazu ermutigt, seine Meinung offen und ohne Hemmungen auszusprechen. Neulich stellte er sich mit Kollegen zusammen neben einer frommen Prozession auf und hielt dabei ein selbst geschriebenes Plakat hoch gegen den jetzigen Umgang mit Familienfragen in seiner Kirche. Damit drückt er aus, dass es ihm wichtig ist, seine Stimme zu erheben, solange er noch da ist. Jetzt muss er auch keine nachteiligen Folgen mehr befürchten. Solange er im Amt war und Verantwortung trug, auch für seine

Gemeinde, passte er sich an, aber nun nicht mehr. Er hat jetzt eine unüberhörbare Stimme in der Gemeinde seiner Stadt und zudem eine Stimme, die ausdrückt, was Tausende denken. Es ist wichtig, dass jemand seine Stimme erhebt. Er zeigte mir das Plakat und erzählte, wie er es gemalt hatte – über das ganze Zimmer ausgebreitet. Seine Entgegnung zu der frommen Prozession – das ist doch etwas!

MF: Alte Menschen können richtig etwas anstiften, oder?

IR: In der Therapie gestatte ich mir schon, danach zu fragen, was ältere Menschen vielleicht gerne noch anstiften würden, wenn sie einen Blick zurück auf ihr Leben werfen. Etwa, ob sie nicht Lust hätten, in einer Angelegenheit, die ihnen immer am Herzen lag und in der sie nicht auftreten konnten, solange sie in Amt und Würden waren, einmal eine Protestaktion anzuzetteln, beispielsweise dafür zu demonstrieren oder vor die Presse zu gehen. Sie müssen dann oft richtig lachen und sagen, dass schon die Idee allein sie lebendig mache. Odo Marquard, der erst kürzlich verstorbene Philosoph, sprach im Blick auf die Alten von einer „Schandmaulkompetenz", die die Alten gewonnen hätten, auch weil sie sich nicht mehr vor der Zeit fürchten müssten, in der ihr offenes Wort auf sie zurückfiele – so lange würde ihre Zeit ja vielleicht gar nicht mehr währen.

MF: Haben Sie das nicht auch unter anderem in einem Buch am Beispiel von Bertolt Brechts Erzählung „Die unwürdige Greisin" beschrieben?

IR: Ja. Ist es nicht herrlich, wie die sogenannte unwürdige Greisin, die sich ein Leben lang für andere aufgeopfert hat – für Mann und Söhne und die ganze Belegschaft der Lithographie-Werkstatt ihres Mannes –, jetzt, im Alter, auf einmal alles nur noch für sich macht und damit ihr eigenes Stück Leben wagt und zurückgewinnt. Bertolt Brecht schreibt hier übrigens über seine eigene Großmutter.

Er war für die Emanzipation der Frau und bringt seine Großmutter als Beispiel dafür, dass Frauen gerade im Alter dazu fähig sind. Hinzu kommt das Sozialkritische, denn diese Frau diente den Großteil ihres Lebens nur ihrem Mann. Als er verstarb, entdeckte sie dann auf einmal, dass sie voller Unternehmungslust war. Sie findet neue Freunde aus einer anderen sozialen Schicht. Und was sie dann alles gewagt hat! Sie besucht Pferderennen, geht nachts bei Mond in der stillen Stadt spazieren und lädt den Pfarrer, den ihr einer ihrer Söhne zur Rettung ihrer Seele und geistigen Gesundheit ins Haus schickt, kurzerhand ins Kino ein. Ihr Haus samt der Lithographie-Werkstatt vermacht sie nicht den Söhnen, sondern dem nunmehr befreundeten Schuster, in dessen ärmlicher Werkstatt sie die erste Einführung in Emanzipation und Sozialkritik erlebt hat. Da hat sie wahrhaft eine Schwelle überschritten.

LEBENSPHASEN UND SCHWELLENÄNGSTE

MF: Veränderungen sind oft mit Freude verbunden. Sie weisen in Ihren Büchern aber auch darauf hin, dass Schwellen und Übergänge mit Ängsten besetzt sind. Was ist die Ursache dieser Ängste?
IR: Schwellen und Übergänge verursachen immer Angst, es geht ja von da ins Ungewisse, Unbekannte. Schon für einen jungen Menschen ist es beängstigend, aus der vergeichsweise sorgloseren Jugendzeit herauszutreten und plötzlich ein voll verantwortlicher Erwachsener zu sein. Er muss das spielerische Erwägen vieler verschiedener Möglichkeiten hinter sich lassen und sich für eine dieser Möglichkeiten entscheiden. Dadurch entsteht das Gefühl, für diese eine Möglichkeit viele andere zu opfern. Andererseits ahnt er aber auch, dass er sich entscheiden muss, da er sonst gar nichts realisieren kann und nirgends einen Platz finden wird.

Das ist die Hauptangst beim Übergang in das frühe Erwachsenenalter, bei dem die Jugendlichen und die Adoleszenten etwas hinter sich lassen müssen, um etwas zu verwirklichen. Man muss also aus der Rolle des Jugendlichen, der die Verantwortung auf Ältere schiebt, herauswachsen.

Bei der bewusst antiautoritär eingestellten Generation gab es damit besonders viele Probleme. Viele beschäftigten sich zwar sehr genau mit den negativen Folgen autoritären Verhaltens und lehnten es in jeder Form vollkommen ab. Sie reflektierten aber nicht, dass sie selbst zu einer Autorität werden, sobald sie Leitungsaufgaben übernehmen. Ich beobachtete oft ihre unglaubliche Scheu, etwas in die Hand zu nehmen oder zu entscheiden. Zudem haben wir nun das Problem, dass sich die eigenen Kinder dieser Generation nicht selten zu Tyrannen entwickelten. Sie bekamen keine Orientierung, wussten nicht, wo die Grenzen sind. Es gibt einem nämlich auch Halt, wenn man Grenzen gezeigt bekommt. Wichtig dabei ist, Grenzen nicht restriktiv zu setzen, sondern in einer kommunikativen Art und Weise. Eine Folge solcher Entscheidungsscheu ist, dass sich heute der Übergang aus der Adoleszenz ins junge Erwachsenenalter weiter nach hinten verlagert hat. Die Adoleszenz zieht sich inzwischen bei vielen bis in die Jahre nach dreißig hin.

MF: Gab es dieses Problem nicht auch bereits zu früheren Zeiten?

IR: Ganz neu ist das tatsächlich nicht, schon Ingeborg Bachmann setzte sich in ihrer Erzählung „Das dreißigste Jahr" mit diesem Thema auseinander und fragte: Gibt es für manche ein immerwährendes dreißigstes Jahr? Diese Unfähigkeit, Wege abzukürzen und, um etwas realisieren zu können, auch einmal auf etwas zu verzichten, führte schon früher zu missglückten Lebensentwürfen. In der Erzählung von Ingeborg Bachmann beginnt der Held der Erzählung erst nachzudenken, als ein Gleichaltriger, der schon einiges erreicht hat in seinem Leben, bei einem Verkehrsunfall ums

Leben kommt. Bei dem Gedanken, alles könnte plötzlich zu Ende sein, obwohl er noch nichts im Leben verwirklicht hat, erschrickt er, wacht auf.

Diesen Moment erleben viele, wenn sie plötzlich in die Elternrolle oder in eine Position kommen, in der sie jüngere Menschen führen sollen. Entscheidungen zu treffen, um etwas realisieren zu können, ist also die Aufgabe, die beim Übergang so um die dreißig bewältigt werden muss.

Und in den Vierzigern heißt die Aufgabe dementsprechend: Wie halte ich das Erreichte fest, wie trage ich es durch und was mache ich mit den Anteilen meiner Person, die bisher nicht zum Zuge kamen? Denn meistens staut sich etwas auf, das in diesen außerordentlich leistungsbezogenen Jahren zurückgestellt wurde. Hinzu kommt in diesen Jahren bei vielen auch die Elternschaft, in den Vierzigern oft schon die mit pubertierenden Jugendlichen, die neben viel Erfüllung auch viel Verzicht erfordert. Da entsteht natürlich die Frage, wo eigentlich die eigenen Bedürfnisse und Möglichkeiten bleiben. Das gilt vor allem für Mütter, die oft gar nicht mehr wissen, wo sie anfangen und wo sie aufhören sollen mit allem, was zu erledigen ist.

In dieser Situation kommen viele aus dem Gleichgewicht und das unterdrückte Bedürfnis nach Selbstverwirklichung bricht heraus. Kaum hat man die Herausforderungen der Vierziger-Schwelle bewältigt, geht es aber mit neuen Herausforderungen schon weiter.

In den Lebensjahren ab fünfzig werden viele, vor allem die Männer, von beruflichen Ängsten geplagt. Wenn man die Arbeitsstelle wechseln oder noch einmal einen neuen Berufsweg einschlagen möchte, macht man sich Sorgen, weil man in vielen Branchen in diesem Alter keine verantwortungsvollen Aufgaben mehr bekommt.

Gerade Frauen möchten im fortgeschrittenen Alter oft in eine Tätigkeit wechseln, die mit Menschen zu tun hat. Es ist ihnen wichtig, sich selbst als Mensch mehr einzubringen. Angst bereitet ihnen vielleicht das Gefühl, das neue Terrain noch nicht zu kennen, und auch eine gewisse Unsicherheit in Bezug auf die eigene Identität, die sich gerade wandelt, ohne dass die neue sich schon gefestigt hätte. Frauen drängen oft mit großem Mut in eine neue berufliche Aufgabe, oder gar in einen neuen Beruf, zum Beispiel als Heilpraktikerin, um brachliegende, erst spät entdeckte Fähigkeiten und damit noch ungelebtes Leben nachholen zu können.

MF: Und welche Schwellenängste bestehen in den reiferen Lebensphasen?

IR: Zu den Herausforderungen der Jahre nach fünfzig gehört auch die Angst vor einem beruflichen Abstieg. Kaum hat man etwas erreicht, drängt sich die Frage auf, ob man den Erfolg oder die Position halten kann oder ob sogar ein weiterer Aufstieg möglich ist. Ich denke dabei vor allem an akademische Berufe oder an große Unternehmen mit einer umfangreichen Hierarchie. Je höher man steigt, desto weniger kann man ausschließlich seinem eigenen Lebensrhythmus folgen. Mit diesen Tatsachen setzt man sich nun auseinander und auch damit, dass sich die körperliche Leistungsfähigkeit nicht mehr steigert. Sie kann in den Fünfzigern allenfalls noch eine Weile aufrechterhalten werden.

Bei Frauen entstehen die starken Umbrüche durch die Wechseljahre. Mit ihnen kommt die Angst vor dem Abstieg auf und manchmal schon eine leise Angst vor dem Altern. Beide, Männer wie Frauen, müssen zudem den Auszug der Kinder verkraften oder die Tatsache, dass man keine Kinder hat. Das ist eine wichtige Zeit, sich gegebenenfalls umzuorientieren und zu fragen, ob es innere Kinder, ob es Kinder auf anderer Ebene wie Schüler, Studenten und andere anvertraute Menschen, Patenkinder, Enkelkinder gibt, oder auch geistige Kinder wie Werke, Bilder, Bücher, Projekte, die auf eigener Ebene die Rolle von Kindern einnehmen können.

Gerade kinderlose Menschen träumen in dieser Zeit oft von inneren Kindern und man kann dann versuchen herauszufinden, welche Art von inneren Kindern sie meinen. Wenn ich in der Therapie merke, dass jemand noch immer über seine nicht gehabten Kinder trauert, frage ich manchmal: „Haben Sie irgendetwas anderes, was geboren werden will und mit dem Sie vielleicht schon schwanger gehen?" Da kommen ganz unterschiedliche Antworten darauf – von einem Buch, das jemand schreiben möchte, über den Garten, den man schon lange anlegen wollte, bis zu dem Wunsch, noch eine Sprache zu lernen oder auch sich für irgendetwas Wichtiges einzusetzen. All das kann die Rolle eines inneren Kindes einnehmen.

MF: Das klingt so, als würden auch im fortgeschrittenen Alter die Ängste nicht aufhören?

IR: Was nicht aufhört, sind die Herausforderungen, die die natürlichen Lebensübergänge mit sich bringen. Man muss nicht mit Angst darauf reagieren, wohl aber mit Aufmerksamkeit und einer inneren Bereitschaft zu einem neuen Übergang. Schwellenängste haben nichts von panikartigen Zuständen, sondern sind ein natürliches Phänomen, wie das Vorbereiten einer Expedition in bisher unbekanntes Land, das mit einer gewissen Aufregung einhergehen kann.

Oft sieht man den sechzigsten Geburtstag mit einem gewissen Herzklopfen auf sich zukommen. Man meint auf einmal, dass sechzig schon sehr alt klingt, dass man spätestens ab jetzt nicht mehr jung ist. Das lässt bei vielen das Bedürfnis entstehen, den sechzigsten Geburtstag in einem großen Rahmen zu feiern, zusammen mit Menschen, die einen bisher durch das Leben begleitet haben. Dazu gehören oft Freundinnen und Freunde aus der Kindheit und Jugend wie auch aus der meist langen Berufszeit.

Man möchte sein Leben und die Menschen, mit denen man zu tun hatte, einmal gemeinsam alle versammelt sehen. Ich hatte selbst ein sehr schönes Erlebnis an meinem sechzigsten Geburtstag. Eine Freundin nahm an der Feier teil, die sich gut mit Astrologie auskennt. Ich glaube zwar nicht so streng daran, aber es war eine sehr interessante Erfahrung. Sie machte mein Geburtshoroskop sichtbar, indem sie die einzelnen Planeten von einigen meiner Freunde einmal so im Raum verteilt hinstellte, wie diese zum Zeitpunkt meiner Geburt zueinanderstanden. Die zweite Version zeigte ihre Konstellation zueinander zu meinem sechzigsten Geburtstag an. Es entwickelte sich dann ein angeregtes Gespräch darüber, was ich alles von dem, was astrologisch als Potential angelegt war, verwirklicht hätte. Und dann kamen sogar die Planeten miteinander ins Gespräch. Nicht geplant und als Schauspiel, sondern ganz spontan. Das erzeugte viel Nachdenklichkeit und Heiterkeit. Mir schenkte es einige Erkenntnisse und viel Freude. Dieser Austausch im Familien- und Freundeskreis darüber, was ich sowohl im Negativen als auch im Positiven aus meinem Potential gemacht habe, war sehr anregend.

MF: Waren Sie damals mit dem Erreichten zufrieden ?

IR: Es zeigte sich, dass ich viel angefangen und vieles auch voll ausgeschöpft habe, darüber bin ich sehr zufrieden. Und es kam heraus, was noch alles auf mich warten könnte und noch möglich wäre. Dazu gehörte beispielsweise meine alte Liebe zum schöpferischen Schreiben, also nicht nur zu Sachbüchern, sondern auch zu Gedichten und künstlerisch Spielerischem. Ich könnte entweder selbst mehr schreiben oder dem Lesen von Literatur einen größeren Raum geben. Ich könnte auch wieder mehr Lesungen und Ausstellungen besuchen und Freundschaften pflegen, zu Menschen, die sich mit Literatur beschäftigen. Ich habe das alles sehr geliebt, aber in den Schaffensjahren war es nicht möglich, alles gleichermaßen zu verfolgen.

MF: Wenn wir nochmals zu den Schwellenängsten um die sechzig herum zurückgehen, was spielt sich da in einem Menschen ab?

IR: Irgendwann stellt man fest, dass alles halb so schlimm ist. Ich kann natürlich nicht für alle sprechen, aber normalerweise ist man in der heutigen Generation mit sechzig noch ziemlich gesund, rüstig und leistungsfähig. Es ist ja allgemein bekannt, wie wichtig es ist, etwas für die körperliche Fitness zu tun und auf die eigene Gesundheit zu achten, etwa durch Ernährung und ausreichend Bewegung. Viele haben das ja auch getan. Als Frau kann einem in der Zeit auch bewusst werden, dass man den Zyklus eigentlich gar nicht vermisst. Die Sorgen aus den Wechseljahren haben sich wieder gelegt und es kehrt insgesamt etwas Beruhigung ein. Man wechselt, bildlich ausgedrückt, in einen Spargang, in dem man aber trotzdem wieder sehr leistungsfähig sein kann. Auch manche Beunruhigungen aus früheren Jahren verschwinden. Man lässt sich nicht mehr gleich völlig aus der Fassung bringen, sondern probiert auch einmal etwas Neues aus. Die Menschen dieses Alters sind auch im Umgang mit Erotischem und im Sexuellen erfahrener und ruhiger als Jüngere.

Sie kennen sich besser aus mit ihrer eigenen Natur und auch mit der des jeweils anderen Geschlechts. Es gibt noch immer Erschütterungen im Leben, doch man kann besser damit umgehen. Man stürzt sich nicht mehr Hals über Kopf in etwas Neues, sondern wartet meist zuerst ein wenig ab, wie die Dinge sich entwickeln. Man hat auch die Erfahrung gemacht, wie man Situationen gestalten und umgestalten kann. Das ist etwas, das meist erst in späteren Jahren kommt.

In jungen Jahren denkt man oft, es gäbe so etwas wie ein Schicksal, gäbe Schicksalsspinnerinnen, die alles festlegen, und es bliebe einem nur übrig, das irgendwie auszuhalten und zu überstehen. Jetzt beginnt man zu begreifen, dass man zu einem guten Teil selbst die Schicksalsspinnerin ist. Das sind die Stärken dieser Jahre. Die Ängste lassen nun auch ein bisschen nach, gerade dann, wenn sie vorher recht groß waren. Nach Ingeborg Bachmann möchte man manchmal sagen: „Zu Grund gerichtet, wach ich ruhig auf", man merkt, dass man auf einmal wieder Schaffenskraft und Schaffensfreude hat. Wenn man noch im Berufsleben steht, kommt allerdings ein großer Übergang auf einen zu, mit all den Problemen, die er mit sich bringt: die Pensionierung, der Ruhestand. In diesem Übergang heißt es, sich damit auseinanderzusetzen, was man nun noch alles mit seiner Schaffenskraft anstellen kann. Und was vielleicht doch eher nicht mehr.

MF: Was passiert bei diesem wichtigen Übergang in den Ruhestand?

IR: Das ist sehr unterschiedlich, wie wir bereits gesehen haben. Viele Menschen freuen sich darauf, eine Tätigkeit oder einen Beruf zu beenden, der ihnen nicht ganz zugesagt hat, und nun endlich Freiraum zu haben, die Dinge zu tun, die sie wirklich interessieren. Es kann allerdings passieren, dass sie nicht genau wissen, wie sie das anstellen sollen. Ihnen fehlt der äußere Rahmen beziehungsweise es fehlt jetzt erst einmal eine vorgegebene Struktur, wie sie sie aus ihrer Berufszeit kannten. Andere wiederum empören sich, dass sie womöglich vorzeitig aus dem Berufsleben ausscheiden müssen. Das sind meist diejenigen, die keinen der körperlich anstrengenden, schweren Berufe ausüben, bei denen man schon froh sein muss, wenn man es gesund bis zum Rentenalter schafft.

Für alle Betroffenen aber stellt sich die Frage, was sie im Ruhestand mit der gewonnenen Zeit und ihrer Schaffenskraft anfangen wollen. Es gilt herauszufinden, ob man genügend innere und äußere Kreativität aufbringen kann, um im Umfeld seines alten Berufes eine Nische oder eine Teilzeitbeschäftigung zu finden. Das erschiene sehr vielen als die angemessenste Lösung – und würde auch vielen Betrieben ihre erfahrensten Mitarbeiter noch eine Zeit lang erhalten.

Für andere aber stellt sich die anregende und aufregende Frage: ob sie nicht doch noch einmal etwas ganz Neues anfangen und etwas auf die Beine stellen möchten, das sie schon immer gerne realisieren wollten. Das kann eine Fortbildung sein, die die eigene Kompetenz als Mensch stärkt und erweitert. Dazu gibt es heute unglaublich viele und qualitätsvolle Bildungsangebote. Andere Menschen wiederum beginnen Reisen zu unternehmen, weil sie während ihrer Berufszeit keine Zeit dafür hatten und dies nun nachholen wollen. Sie erlernen dazu vielleicht noch neue Sprachen, arbeiten sich in andere Kulturen ein und empfinden dabei eine große Befriedigung und Horizonterweiterung. An vielen Stränden exotischer Länder begegnet man vor allem Vertretern dieser Sechziger-Generation. Viele können sich im frühen Alter nun diese großen Reisen finanziell leisten. Obwohl es auch in dieser Altersgeneration bestimmte soziale Gruppen gibt, die von Altersarmut betroffen sind, und das nimmt zu. Diese nicht ganz so kleine Gruppe von älteren Menschen sollte man nicht aus dem Blick verlieren.

Aber die Mehrzahl der Älteren aus der Mittelschicht in Deutschland ist im Allgemeinen gut abgesichert, da sie während ihrer Berufstätigkeit wirtschaftlich gute Jahre erlebten. Es muss kein übertriebener Luxus dabei sein, aber sie können sich im Allgemeinen erlebnisreiche Kultur- oder Studienreisen leisten, wenn sie berufstätig waren.

MF: Was treibt Menschen im (Un-)Ruhestand noch alles um?

MF: Ein ganz wichtiger Bereich ist natürlich das ehrenamtliche Engagement, es gibt viele, die sich darin verwirklichen. Dabei stehen die unterschiedlichsten Möglichkeiten zur Auswahl – von Mitarbeit bei Greenpeace bis zur Stadtteilarbeit. Eine ehemalige Kollegin hat gemeinsam mit anderen, auch Älteren, ein neues Projekt „Lebendige Nachbarschaft" in ihrem Stadtteil realisiert. Sie sitzt zugleich im Ältestenrat, dem Seniorenrat der Stadt. Sie organisiert Zusammenkünfte in der Nachbarschaft ihres Stadtteils, wie regelmäßiges gemeinsames Essen für alle, die kommen, aus allen Generationen. Gekocht wird abwechselnd in der Nachbarschaft von solchen, die gerne und gut kochen, natürlich ehrenamtlich. Da kann man sich als Hobby-Koch oder -Köchin natürlich viel Anerkennung und Zustimmung holen. Man lernt sich bei diesen gemeinsamen Mahlzeiten kennen und kann sich dann auch, wenn es nötig ist, gegenseitig helfen. Dazu gehört beispielsweise, dass ein älterer Handwerker zu mir kommt und die ganzen klemmenden Fenster oder Türen wieder herrichten kann. Gegen ein kleines Honorar, aber auf nachbarschaftlicher Basis. Andere wiederum machen mit den noch Älteren Spaziergänge und kleine Ausflüge, besuchen etwa gemeinsam die Blumeninsel Mainau zur Zeit der Tulpenblüte. Diese Idee einer „lebendigen Nachbarschaft" wird von vielen im Stadtteil gerne wahrgenommen. Auch gemeinsame Aktivitäten anderer Art funktionieren in Stadtvierteln sehr gut, das geht bis zu gemeinsamem Vorgehen gegen Bauvorhaben, die Umgebung und Landschaft, die für ältere Menschen sehr wichtig sind, weiter zerstören würde. So erreichte man zum Beispiel in einem Stadtviertel durch die gemeinsame Aktion, dass ein lebendig fließender Bach, der vor Jahrzehnten zubetoniert worden war, jetzt wieder freigelegt wurde. Jetzt gibt es wieder einen kleinen Fluss im Viertel! Es gibt also viele Ältere, die sich etwas suchen, wo sie sich einbringen können, und dabei viel Befriedigung empfinden. Es bewahrt auch vor Einsamkeit und davor, sich nutzlos zu fühlen, eigentlich ist das eine ganz alte Idee.

MF: Ist das Sich-nutzlos-Fühlen für viele im Alter ein Thema?
IR: Das ist ein Gefühl, das bei den Einzelnen vor allem durch eine zu frühe Pensionierung hervorgerufen werden kann. Frühpensionierung raubt aber auch der Gesellschaft oft wichtige Ressourcen und wertvolles Wissen. Ich glaube allerdings, diesbezüglich wird es zu einer Wende kommen. Zumindest für diejenigen, die es wollen. Es sollte die Möglichkeit bestehen, je nach der individuellen Verfassung natürlich und möglichst in abgestufter Teilzeit, bis etwa siebzig Jahre arbeiten zu können. Ich persönlich habe – aber das geht vielleicht nur im freien Beruf – zwischen siebzig und achtzig noch sehr viel verwirklicht, aber das kann man natürlich nicht generell auf alle übertragen. Aber dass man die Möglichkeit eines vorgezogenen Renteneintritts immer weiter nach vorne verlegt hat, das ist meines Erachtens eine Art von Verhältnisblödsinn. Viele Menschen wissen dann nicht, wohin mit sich, während sie an ihren Arbeitsstätten fehlen, mit all ihrer jahrzehntelangen Berufserfahrung.

Gerade in pädagogischen Berufsfeldern ist es ein Unfug. Meiner Meinung nach sollte man im Allgemeinen bis fünfundsechzig ganz normal arbeiten können und die Jahre danach bis siebzig die Wahlfreiheit haben, natürlich nicht ohne Bezahlung. Natürlich auch nicht, wenn man körperlich nicht mehr dazu in der Lage ist. Dann, wenn die Kräfte nicht mehr ausreichen, muss es die Möglichkeit geben, in allen Ehren aufzuhören. Aber ein durchschnittlicher Sechzigjähriger ist heute in der Regel noch topfit.
MF: Nach all den Veränderungen im Alter, mit welchen Schwellenängsten muss man denn mit siebzig und achtzig noch rechnen?
IR: Es gibt zwischen siebzig und achtzig keinen so großen Unterschied. Das kann ich selbst bezeugen, nur das Alter ab neunzig ist mir noch unbekannt. Fast alle beenden mit siebzig ihr berufliches Engagement. Obwohl es Ausnahmen gibt, man denke da nur an Papst Franziskus mit seinen heute achtundsiebzig Jahren oder

auch an viele Staatsmänner. Es gibt offenbar Bereiche, in denen man auch nach siebzig noch Beachtliches leisten kann. Auch im geistigen Leben können Menschen in diesem Alter noch Bedeutsames schaffen. Manche Schriftsteller schreiben im hohen Alter ihre bedeutendsten Werke und Künstler erlangen erst dann ihre Vollendung. Einzelne können noch eine große Ernte einfahren und einen Höhepunkt erreichen. Aber das ist nicht auf alle übertragbar.

ENGAGEMENT IN SPÄTEN JAHREN

MF: Was bedeutet denn konkret „das Einfahren der Ernte" im Alter?

IR: Das kann sich ganz unterschiedlich ausprägen, doch es gibt dem Leben noch einen positiven Akzent und verhindert, sich nutzlos zu fühlen. Vom einfachen Ordnen von Fotoalben bis hin zum Schreiben von Memoiren wollen viele ihr Leben nochmals nachgestalten und zu einem Ganzen zusammenfügen. Wir haben bereits darüber gesprochen, dass es darum geht, einen Lebensrückblick zu machen, die Lebenslinien zusammenzuführen und sich mit seinem Leben zu versöhnen. Das beinhaltet auch, die Erkenntnisse, die man aus schlimmen Erlebnissen gewonnen hat, endlich auch gebührend wertzuschätzen. Haben die schlimmen Erfahrungen doch dann auch etwas gebracht!

Die Alten sind zugleich kostbare Zeitzeugen für die Jüngeren, sie haben Geschichte persönlich miterlebt. Das Wissen darum können sie mahnend in Erinnerung bringen, und ihre Erfahrungen und Erkenntnisse können helfen, Fragen von heute daran zu messen, Schlüsse daraus zu ziehen. Das tun auch viele: Sie stehen in öffentlichen Veranstaltungen zu Zeitfragen als Zeitzeugen zur Verfügung, lassen sich in den Schulen auf Gespräche mit der nachwachsenden Generation über die Zeiten ein, in denen sie selbst zur Schule gegangen waren. Sie sprechen über das, was für ihre Zeit typisch war, was sie in besonders dramatischer Weise miterlebt haben. In diesem Weitergeben von geschichtlicher Erfahrung steckt gewissermaßen die alte Idee von der Weisheit der Ältesten, sie war in vielen frühen Kulturen selbstverständlich und sie ist in Stammesgesellschaften noch immer lebendig und verbreitet. Vielleicht ist heute die Zeit reif, jedenfalls für die Alten, diese Idee wieder umzusetzen. Man gehört im guten Sinne zu den Senatoren und kann dieses Selbstverständnis in die Familie, den Freundes- oder Mitarbeiterkreis einbringen und in verfahrenen Situationen ein mutiges und wegweisendes Wort sprechen. Als Ältester in der Versammlung oder auch mit anderen Alten zusammen kann man auf seine Lebenserfahrung verweisen und darauf, dass es sinnvoll sei, sie einzubeziehen. Dazu kann man sich ermächtigen. Eine negative Seite kann allerdings dann entstehen, wenn man meint, unbedingt zu allem und jedem etwas beitragen zu müssen.

MF: Warum ist Lebenserfahrung überhaupt wichtig und bedeutsam?

IR: In traditionellen Kulturen fragte man die Alten nach ihrer Meinung und nach ihrer Vision. Es muss keine hochtrabende Erleuchtung sein, sondern einfach eine zusammenfassende Rückschau, aus der eine Vorausschau wird. C. G. Jung sagte dazu: „Wo bleiben die Träume unserer Alten und ihre Gesichte?" Gerade in schnelllebigen Zeiten kommen Überlegungen, Nachdenklichkeit, Verarbeitung von Erlebtem, Betrauern, Bedenken, Vorausphantasieren viel zu kurz. Daran können die Alten erinnern. Das Wertvolle daran ist, dass sie wichtige Werte anmahnen können. Das finde ich sehr würdig. Das können manche Ältere sehr gut. Ich las in den letzten Jahren immer wieder über Menschen, die aufgrund solch einer Lebensrückschau ein paar wegweisende Gedanken für die Zukunft entwickelt haben. Aus diesem Bedürfnis einer zusammenfassenden Rückschau entstand mancher Zukunftsentwurf oder manche Vision. Das war die Quintessenz eines Lebens. Ich finde, dass das auch heute noch einen Wert hat.

Ernst Bloch sagte einmal, alte Gesellschaften hätten ihre Alten als ihre „Türme" empfunden, in dem Sinne, dass sie aus ihrer Mitte aufragten und mit Überblick und Ausblick von hoch oben in die Zukunft schauen und Orientierung geben konnten. Aber in unserer nun selbst alternden Gesellschaft, so meint er, gehörten sie zum alten Eisen. Junge und sich hoch entwickelnde Gesellschaften hingegen schätzten ihre Alten, die aufgrund ihrer längeren Verwurzelung in der Geschichte auch Zukunftsperspektive hätten und Zukunftsaspekte sehen könnten.

MF: Das kann man heute öfters hören, dass man mehr von der Erfahrung und dem Wissen älterer Menschen profitieren will.

IR: Wenn man das wirklich will, muss man zuerst etwas genauer unterscheiden: Eine Zeit lang blickten alle nur auf die drohende Überalterung der Gesellschaft. Es würde immer mehr alte Menschen geben und, da diese auch immer älter werden, würde auch die Anzahl der Demenzkranken steigen. Zudem würde die westliche Gesellschaft durch den Geburtenrückgang auch noch im soziologischen und demographischen Sinn altern. Man beschäftigte sich im Hinblick auf die alte Generation vorwiegend mit Fragen wie: „Wie, um Gottes willen, sollen wir all diese Menschen pflegerisch betreuen?" oder: „Wer soll das bezahlen?" Die Erkenntnis, dass die Gesellschaft älter und langlebiger wird, verbreitete zunächst große Angst und Ratlosigkeit. Es entstand das Schreckensbild einer überalterten Gesellschaft, auf das man mitunter mit einer weiteren Schreckensphantasie reagierte, nämlich all diese Alten und Dementen möglichst in Pflege-Hochhäusern zusammenzupferchen und für die anderen unsichtbar zu machen.

Ich halte es persönlich für sehr wichtig, wenn man selbst in diese Altersphase kommt, sich nicht noch von dieser Abwertungsphantasie anstecken zu lassen und sich gar noch selbst als schwach, überflüssig und wertlos zu betrachten. Denn sonst wird man selbst von diesen Ängsten erfasst und tatsächlich blockiert und völlig unkreativ. Die Sorge, nicht mehr nützlich und sogar belastend für die übrigen zu sein, ist Teil der Schwellenangst in diesem Alter. Das betrifft insbesondere die über Achtzigjährigen, die häufig befürchten, körperlich und vor allem geistig abzubauen. Gott sei Dank setzt die heutige Hirnforschung überraschend Ergebnisse gegen diese Angst. Die Forschung hat gezeigt, dass sich auch das ältere Gehirn, so wie das menschliche Gehirn überhaupt, in jedem Lebensalter ständig reproduziert, vorausgesetzt, man ist nicht von einer speziellen Erkrankung oder Schädigung des Gehirns betroffen. Das ist eine sehr wichtige Erkenntnis, die viele ältere Menschen ermutigt, sich noch etwas in ihrem Leben vorzunehmen. Sie ist auch ein Argument in der allgemeinen Debatte über das Alter – nämlich dass auch Menschen im höheren und hohen Alter noch etwas Wertvolles in die Gesellschaft einbringen können, wenn auch nicht unbedingt im regulären Arbeitsprozess, aber sogar das ist in Einzelfällen möglich. Es entsteht langsam das Bewusstsein dafür, dass die Alten dabei unentbehrlich sein könnten, mit ihrer Lebenserfahrung die zentralen Themen und Probleme des Lebens zu beleuchten, zu bedenken und zu ihrer Klärung beizutragen. Diese von den täglichen beruflichen Aufgaben weitgehend freigestellte Generation kann ihre Zeit in vielfacher Weise anderen zur Verfügung stellen, kann anderen Menschen, auch aus jüngeren Generationen Rat, Halt und Beistand bieten, so wie es Großeltern schon immer taten und wie es die heutige alte Generation – Umfragewerte der Berliner Altersstudie zeigen es – in überraschender, generöser und generativer Weise auch schon tut.

NEUE LEBENSFORMEN IM ALTER

MF: Das funktioniert doch aber nur, wenn alte Menschen mitten in der Gesellschaft leben und nicht in Altersheime abgeschoben werden.

IR: Deshalb ist die große Debatte über neue Formen, das Alter zu bestehen und im Alter zu leben, ja auch so wichtig. Schon jetzt leben viele hochbetagte Menschen allein in ihrer Wohnung, unterstützt von sozialen Diensten, Nachbarn oder Familie. Sie wollen, solange es möglich ist, in ihren eigenen vier Wänden bleiben und lassen sich nicht hinauskomplimentieren. Und dann gibt es natürlich das Modell der altersgemischten Wohn- und Hausgemeinschaften. Man muss nicht gleich eine Wohnung teilen, besser ist es in vielen Fällen, in ein Wohnhaus mit mehreren Wohnungen oder eine Wohnanlage zu ziehen, in der die Bewohnerinnen und Bewohner schon vom Konzept dieser Anlage her einen Bezug zueinander haben. Diese Idee gefällt mir sehr gut. Wir haben auch schon im Freundeskreis überlegt, ob wir nicht bei einem von uns, der in einem größeren Haus wohnt, immer dann, wenn etwas frei wird, so nacheinander einziehen. Es darf ruhig etwas durchmischt sein, also zum Beispiel als Ältere die Achtzigjährigen, als Jüngere die Sechzigjährigen. Es sollten auch ein paar Studenten dort wohnen, die bei Alltagsaufgaben helfen und dafür im Gegenzug auch etwas bekommen, vom angemessenen Entgelt bis zu Obst und Gemüse aus dem Garten, den sie mitbetreuen. Ein Beispiel fällt mir eben ein: Da hat eine heute über Achtzigjährige, ehemals Graphikerin, ihr altes Elternhaus, in dem sie nur ein Stockwerk noch bewohnt, an vier miteinander befreundete Kunststudenten vermietet, die sich über das gemeinsame Interesse an Kunst gut mit ihr verstehen und ihr in der Bewältigung des Alltags in vielem behilflich sind.

Zumindest für nicht pflegebedürftige Menschen leuchtet mir die Idee einer Wohngemeinschaft auf Hausebene sehr ein. Dadurch lebt man nicht zu eng beisammen und stört sich auch gegenseitig nicht. Denn wenn man, wie viele der Älteren, schon länger alleine lebt, hat man seinen eigenen Lebensstil entwickelt. In einer Hausgemeinschaft hätte man genug eigenen Raum und könnte sich gleichzeitig gegenseitig unterstützen und sich beispielsweise mit der Nachbarin oder Freundin absprechen, wann eingekauft oder auf den Markt gegangen wird. Dann ist es auch einfacher, zusammen einen Film, einen Vortrag oder ein Konzert zu besuchen. Oder man spricht sich wegen eines Autos ab, wenn man zum Arzt muss. Man muss nicht unentwegt zusammen sein, aber durch die räumliche Nähe kann man sich auch ohne große Umstände zusammensetzen und sich unterhalten, wenn man Lust dazu verspürt. Ich selbst habe immerhin die Chance, eine gegenseitige Unterstützung in meinem Wohnviertel zu realisieren, mit Menschen, die ich gut zu Fuß erreichen kann. Wir sind mindestens sechs Personen, die sich wirklich gegenseitig aufeinander verlassen können. Aufgrund von langer Bekanntschaft und Freundschaft und ihrer sowieso selbstverständlichen Hilfsbereitschaft, würde eine oder einer von diesen sechs Leuten auch im Notfall bei mir vorbeikommen.

MF: Wie gestalten Sie diese unterstützende Nachbarschaft?

IR: Wenn man krank ist und Hilfe braucht oder auch wenn man etwas unternehmen möchte, meldet man sich bei den anderen. Das ist ähnlich wie in der Jugend, dass man einfach spontan anruft. Eine meiner Freundinnen hier im Viertel kocht sehr gerne. Sie ist alleinstehend und hat mich gefragt, ob ich nicht ein Mal in der Woche zu ihr kommen möchte, da sie sich ohnehin etwas Gutes kocht. Das machen wir jetzt schon seit Jahren. Wir rufen uns an oder mailen, wann es in der Woche am besten passt. Im Gegenzug lade ich sie immer einmal wieder in ein wirklich gutes Restaurant ein. Etliche aus unserem Freundeskreis sind inzwischen schon in den Achtzigern, und unsere Verbindung hat sich gerade auch bei gelegentlichen Krankheiten bewährt. Man besucht sich oder fährt einander ins Krankenhaus, wenn ein Eingriff gemacht werden muss. Man macht dies und jenes füreinander und miteinander. Wir sind nicht miteinander verwandt, haben uns einfach im Lauf der Jahre als Bekannte und Freundinnen zusammengefunden.

MF: Haben Sie das geplant oder ist es einfach entstanden?

IR: Es war einerseits Zufall oder vielmehr Glück dabei, aber doch auch eine gewisse Überlegung. Ich dachte mir, dass ein Ort wie Konstanz, wo ich ja lebe, ein Ort ist, in dem man in und nach dem Berufsleben gut leben kann. Etliche aus meinem Freundeskreis, die vorher beruflich an andere Städte gebunden waren, wohnen inzwischen hier. Sie haben sich davon überzeugt, dass Konstanz schöner ist als der Ort, wo sie vorher gelebt hatten. Und dann haben sie hier jeweils eine Wohnung gesucht, die nicht weit von meiner entfernt liegt, so dass wir jetzt alle relativ nahe beieinander wohnen. Wir brauchen zehn Minuten zu Fuß und mit dem Auto geht es noch schneller. Einige von uns sind auch engagiert in der Stadtteilarbeit. Ich erwähnte schon die „Lebendige Nachbarschaft". Dort wurde ein Bereitschaftsdienst eingerichtet, für den Fall, dass Not am Mann oder an der Frau ist.

Solche Aktivitäten regen an und halten einen auch im Alter lebendig. Man organisiert beispielsweise einen Büchertausch. Auch über die Gärten läuft vieles oder über die Hunde und Katzen. Aber auch Besuchsdienste im Krankenhaus bei Kranken und Sterbenden werden zuverlässig übernommen.

Diese Generation ist sehr aktiv und wird deshalb nicht untergehen. Sie lässt sich nicht abschieben und will beachtet werden. Sie will aber auch nicht mehr bevormundet und nicht mehr in etwas eingespannt werden, nur um als nützlich zu gelten. Was die alten Menschen tun, das wollen sie um der jeweiligen Sache oder um der Menschen und auch um ihrer selbst willen tun, weil es Freude macht oder ihnen notwendig erscheint. Ohne weiteres Warum.

MF: Wie ist die Situation bei ganz alten Menschen?

IR: Die Hochbetagten sind ein Sonderfall, denn im hohen Alter ist die Situation der Einzelnen sehr individuell geprägt, sehr von der jeweiligen körperlichen und geistig-seelischen Verfassung abhängig. Mit neunzig kann man noch geistig klar sein. Es kann aber auch sein, dass man bereits an leichter oder fortgeschrittener Demenz leidet. Dann reicht die gegenseitige Unterstützung in der Nachbarschaft nicht mehr aus und man braucht eine umfassendere Betreuung. Manches ist auch dann noch ambulant möglich. Allerdings wissen wir aus soziologischen Untersuchungen, dass auch heute noch viele alte und gebrechliche Menschen von ihren Verwandten versorgt werden. Nicht unbedingt in der gleichen Wohnung, aber einzelne Verwandten kommen regelmäßig oder auch abwechselnd jeden Tag vorbei und sehen nach, ob alles in Ordnung ist. Sie werden dabei oft zusätzlich von professionellen Pflegekräften unterstützt. Diese Phase des sehr hohen Alters muss man, denke ich, mit neuen Kategorien durchdenken.

Spätestens ab achtzig besteht die Kunst darin, zu lernen, alleine zu leben. Wenn man das kann, kann man meistens auch miteinander auskommen. Wenn man das nicht kann, gelingt es auch beim Miteinanderleben selten gut. Ich halte es für ein Entwicklungsziel, dass man bis achtzig gelernt haben sollte, irgendwie mit sich selber auch alleine zurechtzukommen. Aber das ist eine Idealvorstellung, die natürlich durch die Defizite, die das hohe Alter auch mit sich bringt, wieder in Frage gestellt wird.

RESILIENZ – DIE ROBUSTHEIT DES MENSCHEN

MF: Viele Menschen haben in den jungen oder mittleren Jahren eine Familie gegründet und Kinder aufgezogen. Für diese mussten sie dann da sein und sich selbst immer wieder zurücknehmen. Was heißt es für sie, nun mit sich alleine zurechtzukommen?

IR: Das ist eine große Entwicklungsaufgabe im Lebenszyklus. Wenn jemand bei mir eine Therapie beginnt, versuche ich immer auch den Wert dieses Mit-sich-selbst-Zurechtkommens zu vermitteln und daran zu arbeiten – egal, in welcher Lebensphase sich der Patient befindet. Ich mache dabei klar, dass diese Fähigkeit im Verlauf des Älterwerdens immer wichtiger wird, ebenso die Fähigkeit, sich abgrenzen zu können. Aber vor allem brauchen wir im Alter die Fähigkeit, mit sich selbst zurechtzukommen und viele Dinge im inneren Gespräch lösen zu können. Man hat einfach nicht immer jemanden, der einem dabei hilft.

Das heißt aber nicht, dass ich dem Bedürfnis nach Kommunikation zu wenig Bedeutung beimesse. Ich halte es für ebenso lebensnotwendig. Bei sich selbst zu sein und etwas mit sich selbst anfangen zu können heißt ja auch nicht, keine Kontakte mehr zu anderen zu haben. Menschen, die mit sich selber sein können, finden auch im hohen Alter noch zu neuen Menschen Zugang.

Zum Beispiel ist eine meiner Freundinnen, die nach meinem Eindruck besonders gut mit sich alleine zurechtkommt, zur Zeit auf einem Kuraufenthalt in einer Klinik. Dort sagt ihr die junge Ärztin, die regelmäßig mit ihr am Mittagstisch sitzt, immer und immer wieder: „Sie haben eine solche Ausstrahlung, es ist schön, Kontakt mit Ihnen zu haben." Meine Freundin ruht in sich, hat Humor, hat für sich selbst keine großen Ansprüche und ist deshalb auch sehr offen für andere. Die häufigen positiven Rückmeldungen der jungen Ärztin machten sie fast etwas verlegen. Dabei ist meine Freundin dreiundachtzig Jahre alt – sie verkörpert für mich genau das, worüber ich sprach, nämlich dass Menschen, die gut mit sich selber zurechtkommen und zu einer inneren Ausgeglichenheit finden, auch im Alter eine große Anziehungskraft auf andere haben und sich über fehlende Kontakte nicht beklagen müssen. Dabei hatte sie kein leichtes Schicksal gehabt. Sie verlor ganz früh den Vater und war als Kind im Krieg auf der Flucht, mit allem Schrecklichen, was dazugehört. Sie fand nur über Hindernisse zu Schule, Berufsausbildung und einem anspruchsvollen Beruf, aber sie hat das alles geschafft. Sie lebt jetzt in Ruhe mit ihren Blumen, Katzen und mit ihren Nachbarn.

Dabei ist sie geistig noch sehr interessiert, besonders an Literatur und Musik. Gerade kürzlich berichtete sie mir von einer neuen Mozart-Biographie, die sie voller Begeisterung las. Sie singt auch in einem Chor, denn Musik bedeutet ihr gerade im Alter viel. Wunderbar, nicht? Sie lebt in manchen Dingen einfacher als ich, aber das fällt ihr nicht schwer, denn sie ist eine Lebenskünstlerin. Sie kocht sehr gut für sich selbst, geht immer auf den Markt einkaufen, um die frischesten und besten Lebensmittel zu bekommen, und lädt dann nicht selten eine Freundin zum Essen ein. Im Sommer geht sie gerne hinunter zum See, mitsamt ihrem Liegestuhl, stellt ihn inmitten der freien Landschaft unter einem Baum auf und liest ein Buch. Das ist für mich gutes Altern. Dann hilft sie einer sterbenskranken Nachbarin und begleitet sie treu bis zum Ende, ohne große Umstände darum zu machen. Sie meint, dass man das einfach so machen müsse.

MF: Hat das etwas mit Resilienz zu tun? Wie sehen Sie denn diesen Begriff?

IR: Für das, was man unter „Resilienz" verstehen könnte, wurde bei einer Tagung über die Verletzbarkeit des Menschen das unübliche, aber passende Wort „Robustheit" gefunden: „Der Mensch –

verletzlich und robust", so betitelte Verena Kast ihren Vortrag dort. Sie wollte nicht nur das eine Stichwort des Tagungsthemas stehen lassen, als sei der Mensch vor allem nur verletzlich. Dass er zugleich auch robust ist, das meint der Begriff der „Resilienz".

Die Qualität „robust" bedeutet, dass der Mensch mehr Widerstandskräfte hat, als ihm manchmal bewusst ist. Dies verstehen wir unter Resilienz. Es ist auch etwas, das in der Therapie zum Tragen kommt: Man kann eine Analyse primär auf die erlittenen Verletzungen fokussieren, diese bis ins Letzte hinein untersuchen und damit auch pflegen, im doppelten Sinn des Wortes, von Sorgsam-damit-Umgehen bis zum Nicht-mehr-davon-Loskommen. Oder man verhilft den Menschen primär dazu, ihr Bewusstsein zu schärfen und ihren Stolz und ihre Würde zurückzugewinnen.

Dabei ist wichtig, die eigenen Ressourcen kennenzulernen und wertzuschätzen, indem man sich sagen kann: „Du hast schon sehr viel durchgestanden und wirst vermutlich auch das, was jetzt ansteht, noch durchstehen." Jeder verfügt über Quellen und Reserven, eben über Ressourcen, denn der Mensch ist im Grunde so geschaffen, dass er sehr viel aushält. Man kann als Therapeut den Patienten also – wenn auch ungewollt – in eine Übersensibilität für seine Verletzlichkeiten führen oder man kann ihm helfen, sich seiner bisher unentdeckten Kräfte zu versichern und zu vergewissern. Oder doch beides zugleich. Es geht dabei keinesfalls um Abhärtung, sondern darum, zu erkennen, dass uns diese Kräfte helfen, Krisen zu überstehen. Daher ist es gut, zu wissen, woher sie kommen und wie man sie in Krisenzeiten abrufen kann.

MF: Und wie kann man genau die Fähigkeit entwickeln und in Krisen rechtzeitig Zugang zu diesen Kräften bekommen?

IR: Die wichtigste Quelle ist das Selbstvertrauen, das Wissen um den eigenen Selbstwert und damit auch die Erfahrung, schon einmal geliebt worden zu sein, am besten von Kindheit an. In der Therapie lasse ich davon erzählen. Das weckt Erinnerungen an solche Momente der Liebe und die damit verbundenen guten Gefühle. Ich verstärke diese Emotionen, bis es mir gelingt, wenn es denn möglich ist, dass der betreffende Mensch wieder zu strahlen beginnt. Und wenn mir stattdessen jemand erzählt, was er Schlimmes erlebt hat, dann anerkenne ich seine Überlebensleistung, indem ich etwa sage: „Das ist wirklich schlimm! Da ist es toll, dass Sie trotzdem noch krabbeln, nicht?" Vielleicht macht ihn das auch ein bisschen stolz und er sagt dann, wie ich es bei einem erlebte: „Na ja, mich bringt nicht so schnell etwas um!"

Es wird so die Gewissheit bestärkt, dass man Schwierigkeiten im Leben begegnen kann. Dieser Lebensinstinkt ist tief in uns verwurzelt, es ist eigentlich das Leben selbst, das in uns und mit uns kämpft. Er zeigt sich vor allem, wenn man eine schwere Krankheit hat und um das Überleben kämpft. In ihm zeigt sich auch das tiefe Wissen um den eigenen Wert und die eigene Würde sowie die eigenen Kräfte, die sich schon an vielen Stellen des Lebens bewährt haben. Manchmal muss man aber auch das Wissen, was die eigenen Stärken sind, erst freilegen. Es geht darum, all diese Kräfte hervorzuholen, die einen in verschiedensten Krisen immer wieder aufgebaut haben.

Wenn ich selbst beispielsweise niedergeschlagen bin, fange ich einfach einmal an zu schreiben. Es kann etwas ganz Belangloses sein, wie etwa ein Begleittext für ein neues Seminarprogramm. Das lenkt mich ab und ich bin ganz bei etwas Positivem, einer Sache, die ich entwickeln werde. Das bewirkt, dass mich die Niedergeschlagenheit nicht mehr im Griff hat. Oder ich schreibe jemandem, den ich gerne habe, einen Brief. Ich muss dann nicht einmal über mein Problem schreiben, sondern ich knüpfe einfach an unseren tragenden Kontakt an. Dabei weiß ich genau, ich könnte dieser Person alles erzählen. Wenn es wichtig ist, dann tue ich es auch und dadurch haben wir dann das Problem geteilt. Wir alle kennen solche einfachen Strategien. Man muss in einer schwierigen Situation nur daran denken und sie bewusst einsetzen und nutzen. Wenn ein Freund in Not gerät, dann weist man ihn ja auch darauf hin, dass er ähnliche Situationen bereits gemeistert hat. Genau diese tragenden Kräfte, die uns bei Schicksalsschlägen robust und widerstandsfähig machen, sind Resilienz.

MF: Haben wir diese tragenden Kräfte schon in uns?

IR: Wir haben sie offensichtlich mitbekommen, aber wir können sie auch trainieren. Wir können vor allem etwas gegen diesen gelegentlichen Kult der Verletzbarkeit tun. Man kann die Fähigkeit entwickeln, sich in schwierigen Situation zu fragen: Worin bin ich gut, worin bin ich stark, was habe ich schon alles bewältigt? Man ist natürlich je nach Lebensgeschichte unterschiedlich ausgestattet, einige besser und die anderen schlechter. Die Resilienzforschung entdeckte allerdings, dass gerade auch solche Kindheits- und Jugendjahre, in denen man vieles durchstehen musste, bestimmte Kräfte stärken konnten. Wenn man schon vieles überstanden hat, wirft einen nichts mehr so schnell um. Wer hingegen noch kaum mit etwas Schwerem konfrontiert wurde, hat diese Fähigkeit auch noch nicht trainiert. Dies betone ich immer bei Menschen, die harte Schicksale durchlebt haben. Auch bei Pflanzen und Bäumen wachsen an den Stellen, an denen sie Verletzungen erlitten, Ver-stärkungen. Das genau ist Resilienz. Deshalb ist es mir wichtig, die Menschen dazu zu bringen, dass sie auch stolz darüber sind, was sie schon alles überstanden haben. Sie sollen nicht dauernd mit ihrem schweren Schicksal hadern und darüber klagen, dass andere es so viel leichter hätten. Aus Überzeugung kann ich ihnen antwor-ten, dass sie dadurch auch stärker als andere wurden, viel stärker.

MF: Viktor Frankl hatte ja sehr beeindruckend gezeigt, dass er an seiner lebensbedrohenden KZ-Erfahrung nicht zerbrochen ist, sondern aus ihr heraus sogar eine Therapieform, die Logotherapie, entwickelte, in der es vor allem darum geht, Existenz- und Sinnkrisen zu bewältigen.

IR: Wenn man sein Schicksal so wie Viktor Frankl seelisch gemeistert hat, dann ist man auch künftig sehr vielem gewachsen. Er gewann daraus eine Auffassung über das Leben, die für viele andere, die es nicht halb so schwer hatten wie er, äußerst tragend und tröstend ist. Darum ist es derart wichtig, gerade in großer existentieller Not nach den Stärken des Menschen zu fragen. Natürlich muss man in einer Therapie auch mit großer Aufmerksamkeit nach den Verletzungen fragen und diese wirklich mit dem Betroffenen teilen. Sonst kommt der Patient zu der Überzeugung, dass man sein Anliegen nicht ermessen und schon gar nicht verstehen kann. Man muss ihm zeigen, dass man sich wirklich, soweit es für einen anderen möglich ist, in ihn hineinversetzen und einfühlen kann. Und ihn darin bestärken, dass er bereits vieles bewältigt hat und gerade dabei ist, es noch weiter zu bewältigen. So bekommt er Zugang zu seiner Kraft und kommt wieder auf die Beine. Es geht um die Würdigung der Erfahrung, dass man auch an bitterschweren Herausforderungen noch wachsen, über sie sogar hinauswachsen kann. Es ist einfach schön, mitzuerleben, wie sich ein Mensch dadurch wieder aufrichten kann.

Man muss mit sich selbst im Reinen sein und darf auch in der Therapie keine festen Vorstellungen davon haben, wie der Prozess laufen muss. Man gibt wie eine Gärtnerin Impulse, man düngt und beseitigt schädliche Insekten und allzu große Steine, die das Wurzelwerk behindern. Aber dann muss die Pflanze alleine wachsen. Man muss dem Menschen zutrauen, dass er es auch kann. Als Jungianerin bin ich von der Selbstorganisation des Organismus eines Menschen und von seinen Selbstheilungskräften grundsätzlich überzeugt. Es gibt sie, aber es gibt natürlich auch eine Grenze für ihre Wirksamkeit, man muss auch mit sehr starken Blockierungen rechnen. Aber zunächst einmal kann man sehr vieles wieder in Gang bringen, indem man auf sie vertraut.

MF: Wir haben bereits von der Rolle des Schöpferischen im Menschen gesprochen. Ist das auch damit gemeint?

IR: Ja, das Schöpferische bedeutet nicht nur, dass man künstlerisch arbeitet, sondern es ist auch darin wirksam, dass man überhaupt immer wieder etwas Neues aufbaut und gestaltet und damit auch die eigenen Fähigkeiten und Interessen erweitert. Man kann Schöpferisches wecken, indem man zum Malen und zum Phantasieren anregt und damit die Imagination in Gang setzt. Ich fange häufig damit an, dass ich Menschen bitte, sich eine Landschaft vorzustellen, in der sie gerne wären. Dann gehen wir gemeinsam einen Weg durch diese Landschaft und dabei entdeckt der betreffende Mensch wieder Orte, die ihm wohltun. Diese Imagination kann man dann wieder zurückübersetzen auf das reale Leben und schauen, wo es im Leben des Patienten so eine Landschaft, so einen Weg und Ort gibt. Eine Imagination ist das einfachste, aber man kann die Patienten auch zum Malen oder Schreiben anregen. Und es gibt Rollenspiele, in denen man miteinander Gesprächssituationen durchspielt. Auch in einer Therapiegruppe ist das möglich. Dies sind unterschiedliche Wege, wieder das Schöpferische im Menschen zu erreichen.

DAS SCHÖPFERISCHE ALS LEBENSKUNST

MF: Macht uns dieses Schöpferische, das uns auch als Ressource dienen kann, eigentlich erst zum Menschen?

IR: Wir werden vielleicht immer dann erst zum eigentlichen Menschen, wenn wir beginnen, etwas zu gestalten. Das ist auch nahe dran am Spielen, das zu unseren ursprünglichsten schöpferischen Betätigungen zählt. Erst entwerfen wir etwas in der Phantasie und gestalten es dann wirklich. Immer wenn wir das tun, kommen wir aus der rein passiven Rolle, in der wir nur hinnehmen und ertragen, schon heraus, verbleiben nicht länger in der bloßen Opferrolle. Die meisten niedergeschlagenen Menschen fühlen sich ohnmächtig und sind dadurch auch handlungsunfähig. Wenn man in einer schwierigen Situation etwas Schöpferisches tut, ist man zwar immer noch unter Druck und innerlich belastet, aber es gelingt einem doch ein Bild oder man notiert einen Traum. Es reicht auch schon, dass man die Situation beschreibt oder im Tagebuch festhält. Dadurch gewinnt man zum einen etwas Abstand zu seinem Problem, zum anderen setzt man dadurch auch dem Niederdrückenden aktiv etwas entgegen. Man ist dann plötzlich nicht mehr gelähmt.

MF: Geht es hauptsächlich nur darum, etwas zu tun? Grenzt das nicht fast an Aktionismus?

IR: Man könnte es tatsächlich als Aktionismus missverstehen, wenn es dabei nur um ein äußerliches Tun ginge. Ich gehe es aber in aller Ruhe an, zum Beispiel durch eine Imagination, die das Innere aufschließen kann, bis hin zum Unbewussten. Neulich war eine Frau bei mir, die eine Operation durchgestanden hatte. Danach bekam sie eine Infektion der OP-Wunde, an der sie fast gestorben wäre. Ich wusste am Anfang nicht genau, wo ich mit einer Therapie ansetzen sollte. Ich schlug ihr deshalb eine Imagination vor.

Ich begann damit, ihr das, was sie mir erzählt hatte, in Erinnerung zu rufen. Etwa, dass es ihr in der Reha-Klinik so gut ergangen wäre. Wegen der Entzündungen im Bereich der Atemwege nach der Operation der Kiefer-Nebenhöhlen war sie nämlich zur Reha an die Ostsee überwiesen worden – und mir auch darüber zu erzählen hatte ihr gutgetan. Deshalb lud ich sie jetzt ein, in Gedanken und im Imaginieren der Erinnerung noch einmal an die Ostsee zurückzugehen. Zunächst beschrieb sie nur einige ihrer konkreten Erinnerungen, aber als ich sie dann anregte mit den Worten: „Nun riechen Sie doch wieder die salzige Luft dort und das Meer und spüren Sie den Sand dort unter den nackten Füßen", da war sie auf einmal wirklich dort. Nach der Stunde war sie sehr beglückt und sagte: „Jetzt bin ich wieder bei mir." Nachdem die verstörende Erfahrung mit der Operation sie so stark deprimiert hatte, konnte sie nun spüren, dass sie nicht nur überlebt hatte, sondern dass sie sich auch die Freude an dem Aufenthalt am Meer wieder in das gegenwärtige Erleben holen konnte, das Gesunde also wieder ins Leben zurückkehren konnte. Das ist wie ein kleiner Zauber, und trotzdem irgendwie sehr real. Man kann eine Erinnerung aufsuchen und der Verstörung damit etwas Reales entgegensetzen. Es entsteht eine andere Stimmung, und damit hatte sich etwas in der ganzen Befindlichkeit und Verfassung der Frau verändert.

MF: Kann man das Imaginieren auch als Lebenskunst begreifen?

IR: Das kann man in gewissem Sinn. Wer das Imaginieren einmal kennengelernt hat, der nutzt diese Kunst immer wieder für sich. Es geht dabei im Grunde auch darum, mit der Gesamtheit seines Lebens in Kontakt zu sein, darin zu bleiben und auch seinen Freuden und Stärken wieder zu begegnen. Man soll, wie gesagt, seine Schwächen und Niederlagen nicht leugnen, denn es sind Erfahrungen, die einen geprägt haben. Ohne sie würde man sein Leben auch nicht vollständig verstehen. An diesen Herausforderungen hat man erlebt, was man alles meistern kann.

Die Lebenskunst besteht darin, im inneren Gleichgewicht zu bleiben und das positiv Erlebte gegen die Niederlagen und Verluste zu setzen, was ebenso wahr ist. Der Grundgedanke besteht natürlich nicht darin, sich mit der Imagination eine Illusion erschaffen zu können. Es geht vielmehr darum, dann, wenn irgendetwas sehr in Frage gestellt ist, dem etwas Komplementäres aus der Erinnerung gegenüberzustellen, was dem Leben des Betreffenden Bedeutung gibt und ihm immer wieder neue Befriedigung schafft. Dadurch kommt man wieder ins Gleichgewicht. Und wenn man im Gleichgewicht ist, dann hat man im Allgemeinen auch wieder Lust darauf, weiterzumachen. Zu starke Gleichgewichtsschwankungen bewirken, dass man nicht weitergehen kann. Das ist wie beim Wandern: Wenn einem auf einem abschüssigen Weg schwindelig wird, muss man erst wieder zu sich kommen, ehe man weitergehen kann. Und so ist es auch auf der seelischen Ebene.

AM ENDE STEHT DER TOD

MF: Wir haben über Lebensphasen und die dazugehörenden Ängste gesprochen, dazu gehört am Ende auch der Tod. Auf dieses Thema möchte ich gerne noch zu sprechen kommen.

IR: Der Tod ist etwas, das uns allen noch bevorsteht, doch niemand hat Erfahrung damit. Man kann also nur begrenzt über dieses Thema sprechen. Wir können uns dem Tod nur annähern. Manche Menschen werden aber schon sehr früh im Leben mit dem Tod konfrontiert, wenn sie schon in jungen Jahren wichtige Menschen verloren haben, selbst schwer erkrankt sind oder einen lebensgefährlichen Unfall erlitten haben. Sie haben dadurch ein anderes Lebensgefühl als Menschen, die zwar abstrakt um den Tod wissen, aber selbst noch niemals eine elementare Todesangst oder das tiefe Erschrecken beim Tod eines nahen Menschen kennengelernt haben. Ich persönlich halte es für eine Gnade des Lebens, dass wir nicht ständig an den Tod denken müssen. Nur ist es so, dass natürlich im Verlauf der Lebensphasen das Thema immer näherrückt. Das gilt vor allem in den Übergängen und Lebensphasen, die uns der Endlichkeit des Lebens näherbringen, also schon ab vierzig, fünfzig, erst recht ab sechzig, siebzig und achtzig. Beim Älterwerden kommt es darauf an, ob man sich auf die Endlichkeit einstellen kann oder sie völlig verdrängt und verleugnet. Dann kann der Tod umso wuchtiger und vernichtender bei einem einschlagen, wenn plötzlich eine gefährliche Diagnose gestellt wird oder ein naher Mensch stirbt. Ich unterscheide bei dem Thema Tod zweierlei: den Tod zum einen als Verlust von nahen Menschen und zum anderen als den eigenen Tod.

MF: Welches sind die Herausforderungen beim Verlust eines Menschen?

IR: Der Verlust von Menschen kommt naturgemäß früher als der eigene Tod an uns heran und ist für sich allein schon ein ganz großes Thema. Ich möchte gerne damit anfangen, weil man dazu mehr sagen kann als über den eigenen Tod, da die Verluste schon geschehen und erlebt sein können, während der eigene Tod als großer Unbekannter vor uns liegt, selbst dann, wenn er in bedrohliche Nähe gerückt sein sollte.

Je näher man mit einem Menschen verbunden ist, desto existentieller kann dessen Tod einen treffen und ein momentanes Gefühl der Vernichtung auslösen. Ist dies der Mensch, der einem am nächsten stand und mit dem man jahrzehntelang aufs engste verbunden war, wird auch die eigene bisherige Identität getroffen, wenn nicht sogar zerstört, wenn einem dieser geliebte Mensch plötzlich genommen ist.

Man kann hier von einer Beziehungsidentität sprechen, die durch den Tod des Partners, der Partnerin zunächst zerbricht, die Beziehungsidentität als Paar, bei der bei jedem der beiden im eigenen Selbstverständnis auch der beziehungsweise die andere mit enthalten war. Und mit dem Tod des anderen muss aus dieser gemeinsamen Beziehungsidentität wieder die Identität eines Einzelnen werden. Das kann man mit einem Teppich vergleichen, bei dem nach dem Zerreißen in zwei Teile alle Fäden zusammenhanglos heraushängen. Diese müssen erst vernäht werden, damit das Einzelstück wieder brauchbar ist. Der Tod führt aber nicht nur zu einer sehr großen Erschütterung der eigenen Identität. Der Tod des nächsten Menschen erschüttert zugleich auch das eigene Lebensgefühl, weil man so mit der eigenen Sterblichkeit konfrontiert wird. Wobei viele Menschen am liebsten zusammen mit einem geliebten Menschen sterben würden. Genauso ergeht es sehr jungen Menschen, gar Kindern, die ihre Eltern früh verlieren. Es ist für sie in einem solchen Moment fraglich, ob und wie sie diesen Verlust überhaupt je überwinden können.

MF: Wie kann man dann so einen Verlust bewältigen?

IR: Der einzig gangbare Weg für die Zurückgelassenen besteht darin, das, was dieser Mensch einem bedeutet hat, in sein Inneres aufzunehmen, vielmehr, es darin wiederzufinden – zu entdecken, wie unauslöschlich es dort eingeprägt ist. Das ist immer so, wo wir wirklich geliebt haben. Hier entdecken wir den „Weltinnenraum" (Rilke). Wir wissen ja nicht, wohin der verstorbene Mensch „objektiv" ging, wir wissen nicht, wo das Lebendige, das er war, nun ist. Das Tote an ihm, das wissen wir, ist im Grab, im Sarg, in der Urne, ist in der Erde, im Wasser oder im Wind, es verging und verwandelte sich im Feuer in Wärme und Licht. Aber er, aber sie selbst?

Man kann zwar an etwas glauben, aber man weiß es einfach nicht. Er selbst ist jedenfalls nicht mehr greifbar, nur die Erinnerung an ihn. Und etwas dabei halte ich für sehr fundamental und für viel wichtiger, als manchen Menschen es für möglich erscheint: Man kann verstorbene Menschen und auch Menschen, von denen man auf andere Weise getrennt ist, in gewisser Weise wirklich in sich selbst zum Leben erwecken beziehungsweise erkennen, dass sie in einem leben und insofern nicht gestorben sind. Dass sie in uns sind, merken wir etwa daran, dass wir plötzlich von ihnen träumen und dabei das real anmutende Gefühl haben, dass sie da sind. Und das, obwohl uns im Traum gleichzeitig ganz bewusst ist, dass sie verstorben sind.

Das ist aber in diesem Moment des Traumes unerheblich, denn sie sind vollkommen anwesend. Sie sind in unseren Träumen oft auch wieder gesund und in den besten Jahren. Man macht die Erfahrung, dass sie in der eigenen Seele aufgehoben und vorhanden sind.

Für die Bewältigung von Todesfällen ist es aber sehr wichtig, nicht zu vergessen, dass sie auf der äußeren Ebene gestorben sind. Wenn Menschen die Kleiderschränke des Verstorbenen nicht ausräumen und seine Schuhe am gewohnten Platz stehen lassen, jahrzehntelang, dann ist es ein Zeichen dafür, dass sie den Verlust nicht wirklich realisiert haben, ihn nicht verarbeiten und auf eine neue Ebene transponieren konnten. Das reale Äußere und die Dinge des oder der Verstorbenen sind bei ihnen noch nicht unterschieden von dem, was ich vorher beschrieb, nämlich, dass man den Verstorbenen in seinen psychischen Innenraum aufnimmt, ihn dort wiederfindet. Es gibt Hinweise darauf, Verena Kast zeigt es in ihrem Buch über Trauern an den Traumprozessen Trauernder auf, dass unsere Toten erst dann innerlich auf heilsame Weise wiederkehren können, wenn wir sie äußerlich losgelassen haben. Es ist wichtig, dies zu wissen. Sonst bleiben die Verstorbenen in uns eine Art von Zwischenwesen, die einerseits nicht losgelassen und andererseits nicht zugelassen werden können. Aus diesem Grund gibt es ja auch Begräbnisrituale, die uns deutlich machen, dass der verstorbene Mensch unter der Erde liegt und jetzt auf der bisherigen Wirklichkeitsebene nicht mehr da ist. Das ist das eine.

Und das andere ist eben, dass die seelische und emotionale Verbindung zu dem Menschen in unserem Inneren wiedergefunden werden kann und wir ihn dort überhaupt nie verlieren. Es wird möglicherweise auf der seelischen Ebene wirklich so sein, wie viele es sich erhoffen: Wir begegnen vielleicht bei unserem eigenen Sterbeprozess allen den Menschen wieder, die uns wirklich wichtig waren und sind – eben weil sie mit uns sind.

MF: Was bedeutet es, den Verstorbenen in unseren psychischen Innenraum aufzunehmen, wie geschieht das?

IR: Es bedeutet, dass die Verstorbenen lebendiger Teil davon werden, weil sie es ja schon als Lebendige sind. Man kann mit dem, was das seelische Potential der Verstorbenen war und ist, noch einmal einen völlig stimmigen Dialog führen. Etwa so: „Das hätte Vater jetzt dazu gesagt!" Ich kann mit meiner Mutter darüber lachen, dass ich ständig – wie schon als junges Mädchen zu ihren Lebzeiten – meinen Regenschirm vergesse. Ich weiß, sie hätte gesagt: „Du brauchst dir gar nicht erst einen zu kaufen, denn du lässt ihn augenblicklich irgendwo stehen." Darüber lache ich bei jedem Regen und höre dabei Mutters warme, amüsierte Stimme.

Solche Gespräche führt man vor allem mit sehr nahen Menschen, von denen man weiß, dass sie einen geliebt haben. So sage ich auch allen Frauen, die ihren Mann verloren haben, voller Überzeugung: „Wenn Sie eine geliebte Frau waren, dann sind Sie das für immer. Sie sind eine geliebte Frau und bleiben es für dieses ganze Leben. Sie können nie mehr jemand sein, die nicht geliebt worden ist, die die Liebe nicht kennt."

MF: Ist es sozusagen eine seelische Energie, die hier wirkt? Wie soll man sich das vorstellen?

IR: Es ist die Energie der Liebe, die zusammen erlebt und gelebt wurde. Sie ist erinnerbar wie gegenwärtig, sie ist präsent. Es ist die Wirklichkeit der Gefühle, die Partner oder Partnerin in einem erweck hat. Es ist auch die Liebesfähigkeit, die mir bleibt, wenn sie einmal erweckt wurde. So geschieht es uns ja auch mit unseren Eltern. Ich verlor meine Eltern schon vor langer Zeit und nach einer Zeit heftiger Trauer klang der Schmerz allmählich ab und wurde milder. Dafür wurde das innere Gespräch mit ihnen und wurden die Träume von ihnen lebhafter. So gehe ich persönlich mit diesen Verlusten um, die sich naturgemäß im Alter stark mehren. Es ist sehr hilfreich zu wissen und zu erfahren, dass die wirklich einmal nahen Menschen mit dem, was sie für uns bedeutet haben, nicht verloren gehen. Die Seele hat es aufgenommen und reproduziert es beispielsweise in Träumen, Phantasien oder lebendigen Erzählungen von ihnen. Erst wenn sie innerlich integriert sind, kann ich mich der Außenwelt und neuen Menschen wieder voll zuwenden.

In jeder Familie wird nach ihrem Tod noch viel von der Originalität der Mutter erzählt, von ihren originellen Hüten zum Beispiel oder von den Eigenheiten des Vaters, wenn er bei einem Glas Wein ironische und auch tiefgründige Gedichte machte, von allerlei wichtigen und auch von lustigen Erlebnissen mit den Eltern. Je länger es her ist, desto häufiger werden dann die amüsanten und auch die dramatischen Geschichten erzählt. „So konnte er auch sein, der Vater" – und dann kommt die Geschichte.

MF: Haben Sie sich auch so an Ihre Eltern erinnert?

IR: Aber natürlich. Vor allem nun wieder an meinem achtzigsten Geburtstag. Er war rundum gelungen, auch weil ich erzählte, wie mein Vater und meine Mutter – die für die jetzige Generation ja die Großeltern und Urgroßeltern waren – manchmal so besonders sein konnten. Solche Erzählungen halten eine Familie über die Generationen hinweg zusammen. Sie geben auch denen, die den betreffenden Menschen nicht mehr persönlich kannten, eine Vorstellung von ihm. So wissen sie: „Ah ja, so einen Urgroßvater

haben wir gehabt!" Und ebenso schon jetzt über mich als Urgroß-
tante: „So eine haben wir also!"

Dieses In-sich-Hineinnehmen gilt ja nicht nur für Tote, sondern
auch für noch lebende Menschen, die man nicht mehr oft persönlich trifft oder mit denen es gar zu einer Trennung kam oder die
man aus den Augen verloren hat. Alle für uns wichtigen Menschen
behalten wir auf diese Weise in unserem psychischen Innenraum.
Man kann sich nachträglich manchmal sogar noch versöhnen,
auch wenn man dem Menschen persönlich gar nicht mehr begegnet. Denn man kann sich mit diesem Menschen, wie er oder sie in
uns selber lebt, versöhnen, indem man sich bewusst macht, dass es
zwar einen Bruch, aber zuvor auch viel bereichernde Begegnung
gab. Was wiegt nun letztlich mehr? Dann legt man beides auf die
Waage und auf einmal wiegt es sich auf und man kann versöhnt
an den Menschen denken.

MF: Wie verhält es sich mit dem eigenen Tod?

IR: Die große Frage dabei ist, ob man sich auf den eigenen Tod
einlassen und damit abfinden kann, dass unser Leben begrenzt ist.
Es ist etwas ganz Natürliches, das wir mit allen Lebewesen, den
Tieren und den Pflanzen teilen, mit allem, was lebt.

Mir persönlich ist diese Erkenntnis sehr, sehr wichtig. Der
ganze Klimbim, der um unsere Sterblichkeit herum gemacht wird,
erscheint mir nicht angemessen. Für mich zählt, sich als Wesen der
Natur, der Schöpfung wahrzunehmen und dem in einer gewissen
Demut zuzustimmen. Und auch insofern die Konsequenz aus dieser Erkenntnis zu ziehen – und das mindestens schon ab vierzig –,
dass das, was mir an Lebenszeit gegeben ist, was ich zur Verfügung habe, gefüllt sein will und dass dieses Füllen und Sich-darin-
Erfüllen Freude machen darf und soll. Ich denke, man sollte auf
nichts verzichten, was sich einem schenkt, ohne dass dabei einem
anderen etwas weggenommen würde, und man sollte sich auch

nicht asketisch verbiegen, denn man hat nur dieses eine Leben. Man sollte es mit einer Bedeutung füllen, die für einen stimmig ist und die, so weit wie möglich, auch anderen etwas gibt. Und gerade wenn man der Überzeugung ist, dass man auch im Tod bei den Menschen, denen man wichtig war, innerlich seinen Platz behält, dann ist das noch eine Aufforderung mehr, sich selbst zu realisieren: Lebe so intensiv, wie es dir möglich ist, so wirst du den Menschen etwas geben können und ihnen wohl auch etwas bedeuten. So wird man auf der inneren Ebene anderer Menschen weiter lebendig sein, auch über die begrenzte eigene Lebenszeit hinaus. Das soll nicht heißen, sein Leben diesem Ziel zu unterwerfen. Es geht, wie schon erwähnt, um mit Meister Eckharts Worten zu sprechen, darum, ohne „Warum" zu leben und das eigene Stück Leben dankbar auszuschöpfen um seiner selbst willen.

Man hat heute vielfach mehr Angst vor dem Sterben als vor dem Tod selbst. Jedenfalls als heutiger Mensch, denn früher hat man sich vor allem vor dem, was nach dem Tod kommt, mehr und am allermeisten gefürchtet. Zugleich hat man sich, wenn auch bange, auf vieles, was da nach dem Tod noch kommen sollte, auch sehr vorgefreut.

MF: Die Religionen gehen doch von einer unsterblichen Seele aus?

IR: Vielleicht nicht alle, ich denke da an das alte Israel oder an den ursprünglichen Buddhismus. Ich kann zu dem Gedanken selbst nur sagen, dass ich nicht weiß, wie sich das mit der unsterblichen Seele verhält. Ich will es niemandem nehmen, daran zu glauben, denn ich bin der Meinung, dass es guttut, wenn man nicht in ein Ende, sondern in eine Hoffnung hinein stirbt. Auch die Vorfreude auf das Himmelreich hat ihren Wert – wie jede andere Vorfreude. Die kann einem niemand nehmen, unabhängig davon, ob es dann so eintritt, wie man es sich vorgestellt hat.

Ich selber bin zu nüchtern veranlagt, um den Gedanken an die

Unsterblichkeit – und sei es die der Seele – für absolut zwingend zu halten. Ich werde wohl trotzdem mit einer gewissen Neugier sterben, ob es noch mehr gibt, als wir es jetzt wissen können. Ich neige allerdings zu der Vorstellung, dass der Übergang beim Sterbevorgang wie eine große Imagination sein wird. Darauf weisen auch die Berichte von Nahtoderfahrungen hin. Die Menschen, die solche Erfahrungen machten, waren dem Tod nahe, sind aber doch noch nicht gestorben. Nur so konnten sie uns über ihre Erfahrungen in Todesnähe berichten, aber eben nicht vom Tod selbst. Ich vermute aber, auch solchen Berichten zufolge, dass der Sterbensprozess psychisch etwa einem Geburtsvorgang gleichen könnte, wobei ich dann selbst das Kind im Geburtskanal wäre. Man geht da möglicherweise wie durch eine Enge hindurch und die letzte bewusste Erfahrung ist den Erzählungen nach eine Lichterfahrung. Das kann schlicht mit Vorgängen in unserem Gehirn zusammenhängen, vielleicht hat „das Leben selbst" dies gut für uns eingerichtet. Ich erwarte also einen Durchgang, an dem ich möglicherweise imaginativ auch den Menschen, die mir wichtig waren, noch einmal begegnen kann. Das halte ich für gut möglich. Vielleicht begegnen einem auch alle Hoffnungen, die man hatte, und man erfährt wohl auch etwas, was ins Transzendente weist, was immer man darunter versteht. Es kann da alles Mögliche erscheinen und vermutlich mündet dieser Vorgang in eine explosive Lichterfahrung ein – und damit hört die Zeit auf.

Mit dieser Vorstellung kann ich leben. So weit reicht sozusagen mein Vorstellungsvermögen, das nicht unbegründet ist. Weiter reicht es als Wissen aber nicht. Ich kenne allerdings auch die großen Traditionen aus den Kulturen und Religionen der Menschheit mit ihren eigenen Todesvorstellungen und finde sie zum Teil wundervoll und sinnvoll. Aber ich lasse sie für mich offen.

MF: Was bedeutet das in Ihrer Vorstellung, dass die Zeit aufhört?

IR: Die Zeit hört für mich auf, wenn in meinem Bewusstsein das letzte Licht aufblitzt und ich mich darin verliere. Es kann aber auch eine Entsprechung zwischen diesem Licht und mir geben. Was wissen wir schon darüber, wie alles energetisch zusammenhängt? Es mag sein, dass wir wirklich in irgendeiner Weise in diesem Licht aufgehen und etwas von uns in einer anderen Qualität erhalten bleibt. Aber ich denke auch, das muss mich nicht kümmern. Für mich ist vielmehr wichtig, dass ich keine große Angst vor dem Tod aufbaue. Doch ich kann nicht dafür garantieren, dass sie nicht aufkommt, wenn ich eine sehr ernste Diagnose erhalten würde und der Tod mir vor Augen stünde. Vielleicht bekäme ich dann doch Angst. Aber grundsätzlich als Lebensgefühl habe ich keine Angst vor dem Tod. Bei mir überwiegt mehr ein vertrauendes Lebensgefühl und schwingt immer mit, in diesem Sinne: Du hast vor allem dieses Leben, und die Zeit, die dir zur Verfügung steht, ist nicht unendlich. Sie ist daher kostbar und es ist auch sehr schön, sie zur Verfügung zu haben. Auch wenn die Begrenztheit schmerzlich ist, vergieße ich darüber nicht nur Tränen.

Die Endlichkeit des Lebens bringt auch Strömung und Spannung hinein. Es geht vielmehr darum, das Leben auszuschöpfen, mutig und demütig zugleich, und nicht am Versagten hängen zu bleiben. Ich gehe deshalb auch mit negativen Vorgängen, etwa mit einem unangenehmen Konflikt, so um, dass ich dem Negativen nicht ständig neue Nahrung gebe. Ich nehme es an seinem Platz ernst, versuche zu klären, was zu klären ist – und gehe weiter. Wenn man sich ständig damit befasst, verliert man das Gleichgewicht. Wenn etwas schmerzt, kann man es sowieso nicht einfach wegschieben, aber man kann sich bemühen, es so gut zu tragen wie möglich, vor allem nichts nachzutragen und dem nicht ewig nachzuhängen. Dies wäre einfach unsinnig, eben weil wir eine so begrenzte Lebenszeit haben.

Das versuche ich auch, anderen nahezubringen. Wenn man Negatives ständig nährt, baut man Angst und Hass auf, die einen womöglich selber auffressen. Es ist wie eine Giftküche, die man in sich herumträgt, und das ist kein Mensch wert und auch keine Sache. Es ist besser zu sagen, dass etwas zwar schlimm war, aber zum Glück überstanden ist, so dass man es hinter sich lassen kann. Das ist für mich eine direkte Folge aus meiner Einstellung zum Tod. Ich möchte niemandem noch im Tod grollen, wir haben doch alle ein schwieriges Leben zu bestehen: Je mehr man von Psychologie weiß, desto mehr löst man sich von der Vorstellung, man könnte so sicher beurteilen, warum die Menschen jeweils etwas taten. Es gab wahrscheinlich mehr Umstände, die ich gar nicht kenne, die mit hineinspielten. Ich bemühe mich, die Dinge an ihrem Platz zu lassen und zu sagen: „Ich möchte mich nicht ewig damit belasten." Dieses Versöhnende und Loslassende ist gerade im Alter meiner Meinung nach das sinnvollste Lebensgefühl, das auch viele Ältere mit mir teilen.

MF: Und wie kann man sich auf den Tod vorbereiten?

IR: Es ist die Frage, ob man das überhaupt kann oder muss. Kurz vor dem Sterben sagte meine Großmutter einen unvergesslichen Spruch: „Sterben müssen wir ja alle, da bringt's dich auch nicht um!" Sie war davon überzeugt, dass einen der Tod nicht umbringt, und das bin ich im Grunde auch.

Der Mensch ist aller Wahrscheinlichkeit nach von der Natur, vom „Leben selbst" (übrigens Meister Eckharts Ausdruck für Gott), so eingerichtet, dass er ertragbar sterben kann. Wir müssen nicht so tun, als wären wir die Ersten, denen es widerfährt! Es wird irgendwie gehen. Da bin ich recht gelassen, wie Sie sehen. Ich rege mich auch nicht übermäßig darüber auf. Ich weiß natürlich, man kann zum Beispiel im späten Stadium mit dem Atem ringen, das kann ziemlich scheußlich sein. Auf der anderen Seite weiß man aber auch, dass der Körper oft äußerlich gesehen noch furchtbar ringt und der Mensch innerlich doch schon ganz woanders ist. Viele Nahtoderfahrungen beschreiben, dass man beim Sterben im Imaginativen ist. Offenbar ist es so, dass während der Körper noch kämpft, die „Seele" bereits ausfliegt. Menschen sind oft auch bewusstlos und man weiß nicht, wo sie sind, dann wachen sie noch einmal auf und berichten von ungewöhnlichen Imaginationen. Das sage ich in aller Nüchternheit. Vorbereiten kann man sich eigentlich nur damit, dass man loslassen lernt. Auf diese Weise kann man auch einem Menschen helfen, der stirbt, indem man ihn ermuntert loszulassen: „Komm, lass los, hör auf zu kämpfen. Stoß dich ab und flieg." Es geht also vor allem darum, sich darauf einzustellen, dass es wahrscheinlich so sein wird.

MF: Haben Sie sich stärker mit Nahtoderfahrungen beschäftigt. Können Sie noch mehr dazu sagen?

IR: So viel auch nicht. Ich habe nur die bekanntesten Berichte darüber gelesen, am überzeugendsten war für mich die frühe Veröffentlichung des Internisten Prof. Dr. Eckhart Wiesenhütter unter dem Titel „Blick nach drüben", wo er nüchtern, aber auch staunend berührt, seine Erfahrungen nach einem Lungeninfarkt beschreibt und sie mit den anderen Berichten vergleicht, die er im Lauf seines Arztberufs von Sterbenden erfuhr. Die späteren Veröffentlichungen anderer zu diesem Thema gleichen sich in den Grunderfahrungen, die Schlüsse daraus sind unterschiedlich. In Nahtoderfahrungen wird das Imaginationsbild für die Übergangserfahrung häufig als Gang beschrieben, an dessen Ausgang ein Licht erscheint, das eine so starke Anziehungskraft hat, dass viele bei seinem Anblick befürchten und zugleich ersehnen, nicht mehr, nie mehr zurück zu können und zu wollen. In den meisten Berichten wird davon erzählt. Manchen ging es dabei auch nicht so gut, es war quälend für sie in diesem Durchgang, aber ich weiß nicht, ob sie weit genug im Durchgang vorgedrungen waren. Das beurteile ich aber nicht, sondern führe nur an, was mich an den erzählten Erfahrungen beschäftigte und berührte. Ich vermute daher, dass bei allen individuellen Unterschieden wahrscheinlich in irgendeinem Stadium des Sterbeprozesses der Körper zwar noch kämpft, während man sich innerlich, psychisch schon hinüberimaginiert. Dabei kann alles erscheinen, das einem wichtig war, etwa so, wie es auch in Träumen geschieht. Wenn man sich mit jemandem noch nicht versöhnt hat, taucht vielleicht auch diese unverheilte Wunde noch einmal auf, und man kann das vielleicht für sich selbst noch klären. Üben kann man das Sterben gewiss nur insofern, dass man überhaupt lernt loszulassen und mit dem Lebensstrom mitzugehen. Das üben wir letztlich bei allen Lebensübergängen.

Wir teilen dies mit der ganzen Natur. Der Baum verliert jedes Jahr seine Blätter und irgendwann ist es so weit, dass er sie für immer verliert. Es gibt unter Umständen auch einen ganz stillen Tod. Es gibt den Mann, den man am Morgen findet, mit einem noch aufgeschlagenen Buch in der Hand. Vor Kurzem schrieb mir meine Cousine, dass sie ihren Mann rief, der oben am Computer saß. Sie ging hinauf und sagte ihm: „Du, das Essen ist fertig." Dann merkte sie, dass er sich nicht rührte. Er war ganz still gestorben, ohne Verzerrung und Krampf. Deshalb lohnt es sich, mit seinem Leben aufzuräumen, vielleicht in einem Lebensrückblick, und mit allem oder vielem ins Reine zu kommen, was es noch aufzuarbeiten und zu versöhnen gibt. Wenn das getan ist, dann darf der Tod auch ganz plötzlich kommen.

Früher hat man sich davor gefürchtet, ohne Beichte zu sterben. Aber das ist auch gar nicht nötig, wenn ich die Befriedung meines Lebens schon vorher angehe. Und wenn ich es nicht geschafft habe, kann ich mir gut vorstellen, dass es im Hinübergehen auch noch möglich ist, jemandem zu sagen: „Ich bin dir wieder gut", und dass das auch ankommt. Ich glaube auch, weil ich oft davon hörte, dass man wie durch Telepathie plötzlich wissen kann, dass ein Mensch gerade stirbt. Man nimmt es wahr, es kommt über irgendein Wort oder über einen Traum zu uns. Das ist unter miteinander verbundenen Menschen wirklich möglich und es sollte im Zeitalter des Internets nicht verwundern. Wir sind ebenfalls eine Art von hoch geladene Sende- und Empfangsstation, so dass wir es vielleicht auch vermögen, einen Menschen direkt zu erreichen, den wir noch erreichen wollen.

MF: Wenn man von Toten träumt, geht das nur von uns selbst aus?

IR: Eben nicht nur. Ich denke, es ist auf jeden Fall das, was uns der Tote, solange er lebte, von seiner Energie und von seinen seelischen Qualitäten mitgegeben, sozusagen in uns eingespeist hat. Und diese Energetik wirkt möglicherweise selbständig weiter. Sie kommt von jenem Menschen, der er war und in mir ist. Ich kann es verstehen, wenn jemand an ein Weiterleben nach dem Tod glaubt und seine Toten dort lebendig weiß. Es gibt einem einen seelischen Schutz, wenn man sich vorstellt, dass alles weitergeht und dass man dort drüben aufgehoben ist oder vielleicht erst durch den Tod zur Vollendung kommt. Dies sind für die Seele hilfreiche und wertvolle Gedanken. Doch selbst der alte Goethe, der ein sehr weiser Mensch war, sagte: „Nach drüben ist die Aussicht uns verrannt." Trotzdem hat er es sich nicht nehmen lassen, in „Faust II" hoffnungsvoll darüber zu spekulieren und zu phantasieren. Er war aber auch nüchtern genug zuzugeben, dass wir darüber nichts wissen können. Die Glaubenssysteme haben also eine seelische Schutzfunktion und ihre Symbole können von hoher Bedeutsamkeit für das seelische Erleben und Bestehen des Sterbens sein, denke ich nur an die tief tröstende Komposition von Johann Sebastian Bach zu dem Text, der sich auf Jesus bezieht : „Bist du bei mir, geh ich mit Freuden …"

MF: Sehen Sie darin auch den Ursprung unserer Religionssysteme – im Trost für uns Menschen?

IR: Sie erwuchsen weitgehend aus einem tiefen Bedürfnis der menschlichen Seele, mit der Sterblichkeit leben zu können. Die heutige Generation, auch die der Christen unter uns, kam allerdings – nicht ohne Nietzsche, Marx und Bloch – weitgehend zu der Erkenntnis, dass man das Eigentliche des Lebens nicht auf das Jenseits verlegen sollte, da man sonst mit hoher Wahrscheinlichkeit dem Diesseits etwas schuldig bleibt. Wir würden die Erde, die Menschen und uns selbst im Stich lassen, wenn wir meinten, alles Wichtige käme erst nachher. Stattdessen gilt es, die volle Verantwortung für unser Leben zu übernehmen, wenn wir in Betracht ziehen müssen, nur dieses eine Leben zu haben. Und das sage ich gerade auch als Therapeutin: Ich möchte die Menschen in die Verantwortung für ihr Leben holen. Frühere Generationen hatten viel weniger Kenntnisse über die Welt und die „condition humaine" im Ganzen. Daher waren ihre Vorstellungen auch mit sehr viel mehr Ängsten verbunden, und sie brauchten auch viel mehr Trost.

MF: Angst vor der Strafe, vor der Hölle?

IR: Auch das, war das nicht fürchterlich? Aber auch innerhalb der christlichen Tradition setzt man die Akzente heute anders und auf anderes. Meine Großmutter zum Beispiel ist als gute Katholikin getrost gestorben. Sie starb bei uns zu Hause. In der Nacht von Heiligabend sagte sie plötzlich, dass ihr Herz wohl seinen Dienst versage. Ich sprang gleich auf, um ihren Pfarrer zu holen, aber sie meinte: „Es wäre schon schön, der Pfarrer käme noch. Aber weißt du, der hat jetzt noch die Mitternachtsmesse zu halten, den können wir doch jetzt nicht holen." Und ich erwiderte: „Ja, aber Oma, dann kann es passieren, dass du vorher stirbst, ohne dass er da war." Worauf sie sagte, mit einem Lächeln: „Ach weißt du, dann komme ich doch mit meinem Herrgott auch ohne ihn zurecht."

Das ist Vertrauen. Dann holte ich den Pfarrer doch noch, schließlich um sieben Uhr, am Morgen des nächsten Tages, und er konnte meiner Großmutter die letzte Wegzehrung mitgeben. Als er dann wieder aus der Tür ging, fiel meiner Großmutter ihre Tasse aus der Hand und sie war tot. Ich fand das stimmig. So starb sie, die in ihrem Glauben selbstverständlich und ohne Getue geborgen war. So war das und es hat mich sehr berührt. So kann man gewiss gut sterben, und das zählt. Auch sie begegnete wohl zuletzt jenem Licht, in dem die Zeit endet – was immer dieses Licht letztlich ist. Das kann nur erfahren werden.

Eduard Waidhofer
DIE NEUE MÄNNLICHKEIT

Wege zu einem erfüllten Leben

14 x 22 cm, ca. 300 Seiten

ISBN 978-3-903072-03-9

VIELE MÄNNER FÜHLEN SICH UNTER DRUCK: Beruf, Partnerin, Kinder, sie alle erfordern höchsten Einsatz – und doch ist es nie genug. Wer zu sehr in der Arbeit aufgeht, riskiert Konflikte in der Partnerschaft, enttäuscht seine Kinder und ruiniert seine Gesundheit. Wie diese wachsenden Herausforderungen bewältigen?

Auf der Grundlage aktueller Männerforschung gibt Eduard Waidhofer Einblick in die Männerseele von heute und zeigt neue Lebenskonzepte auf. Wie gehen Männer mit dem Vereinbarkeitsproblem um? Wer Beruf, Familie und Innenwelt ausbalanciert, wird mehr Lebensqualität gewinnen. Wer seine Beziehungen bewusster und achtsamer gestalten lernt, dem werden Partnerschaft und Vatersein besser gelingen. Und wer schließlich den Mut hat, Zugang zu seiner eigenen Gefühlswelt zu finden, der wird auch mehr Verantwortung für sein Leben übernehmen.

Ein von großer Erfahrung getragenes Buch – für alle, die wissen wollen, wie ein wahrhaft erfülltes Leben als Mann heute gelingen kann.

fischer & gann

Das gesamte Verlagsprogramm finden Sie unter www.fischerundgann.com

KLAUS SEJKORA
TRENNUNG ODER NEUBEGINN

HILFE FÜR PAARE IN DER KRISE

14 x 22 cm, ca. 350 Seiten

ISBN 978-3-903072-00-8

WAS TUN, WENN ALLE VERSÖHNUNGEN immer wieder scheitern, Konflikte und Verletzungen bei einem Paar den Alltag bestimmen? Bleibt dann nur die Trennung oder gibt es eine Chance auf einen Neubeginn? Der erfahrene Paartherapeut hilft Betroffenen, die Konfliktmuster in ihrer Beziehung zu erkennen. Um sie zu verändern, müssen auch die Herkunftsfamilien von Frauen und Männern in den Blick genommen werden. Welche Erfahrungen aus der Vergangenheit wirken in die Gegenwart des Paares hinein?

Beziehungs-Checklisten und Fragebögen unterstützen Paare, ihre lange Geschichte von Liebe und Verletzung ehrlich zu durchleuchten. Anhand von speziell entwickelten Übungen lernen sie Schritt für Schritt, die Spielräume für tiefgreifendere Veränderungen auszuloten. Erst dann kann eine tragfähige Entscheidung für die gemeinsame Zukunft gefällt werden: eine Trennung in Respekt und Würde – oder Verzeihen, Versöhnung und ein wirklicher Neubeginn.

fischer **&** *gann*

Das gesamte Verlagsprogramm finden Sie unter www.fischerundgann.com